プリント形式のリアル過去問で本番の臨場感！

東京都

都立

南多摩中等教育学校

2025年春 受験用

解答集

本書は，実物をなるべくそのままに，プリント形式で年度ごとに収録しています。
問題用紙を教科別に分けて使うことができるので，本番さながらの演習ができます。

■ 収録内容

・解答集(この冊子です)

書籍ＩＤ番号，この問題集の使い方，最新年度実物データ，リアル過去問の活用，解答例と解説，ご使用にあたってのお願い・ご注意，お問い合わせ

・2024(令和６)年度 ～ 2019(平成31)年度　学力検査問題

JN132613

○は収録あり	年度	'24	'23	'22	'21	'20	'19
■ 問題(適性検査Ⅰ・Ⅱ)		○	○	○	○	○	○
■ 解答用紙		○	○	○	○	○	○
■ 配点		○	○	○	○	○	○

全分野に解説
があります

注)問題文等非掲載:2022年度適性検査Ⅱの2，2021年度適性検査Ⅰの1

問題文などの非掲載につきまして

著作権上の都合により，本書に収録している過去入試問題の本文や図表の一部を掲載しておりません。ご不便をおかけし，誠に申し訳ございません。

教英出版

■　書籍ＩＤ番号

入試に役立つダウンロード付録や学校情報などを随時更新して掲載しています。
教英出版ウェブサイトの「ご購入者様のページ」画面で，書籍ＩＤ番号を入力してご利用ください。

書籍ＩＤ番号　111213

（有効期限：2025年9月30日まで）

【入試に役立つダウンロード付録】
「要点のまとめ(国語／算数)」
「課題作文演習」ほか

■　この問題集の使い方

年度ごとにプリント形式で収録しています。針を外して教科ごとに分けて使用します。①片側，②中央のどちらかでとじてありますので，下図を参考に，問題用紙と解答用紙に分けて準備をしましょう（解答用紙がない場合もあります）。

針を外すときは，けがをしないように十分注意してください。また，針を外すと紛失しやすくなりますので気をつけましょう。

① 片側でとじてあるもの

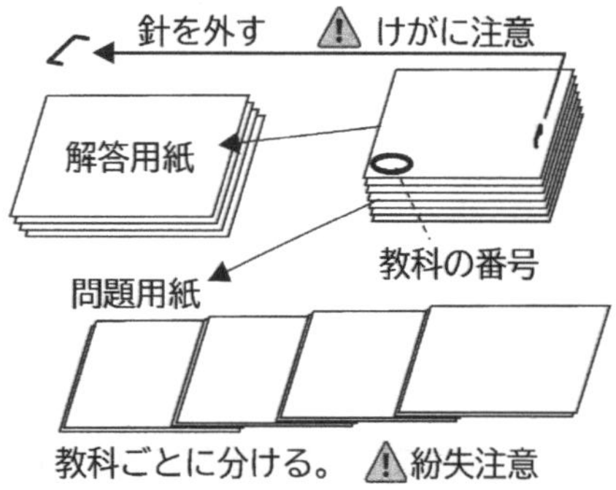

② 中央でとじてあるもの

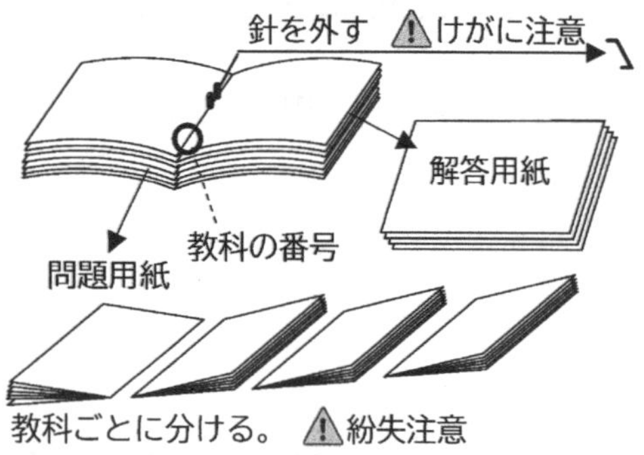

※教科数が上図と異なる場合があります。
解答用紙がない場合や，問題と一体になっている場合があります。
教科の番号は，教科ごとに分けるときの参考にしてください。

■　最新年度　実物データ

実物をなるべくそのままに編集していますが，収録の都合上，実際の試験問題とは異なる場合があります。実物のサイズ，様式は右表で確認してください。

問題用紙	Ａ４冊子(二つ折り)
解答用紙	Ａ３プリント

リアル過去問の活用

～リアル過去問なら入試本番で力を発揮することができる～

✿ 本番を体験しよう！

問題用紙の形式（縦向き / 横向き），問題の配置や余白など，実物に近い紙面構成なので本番の臨場感が味わえます。まずはパラパラとめくって眺めてみてください。「これが志望校の入試問題なんだ！」と思えば入試に向けて気持ちが高まることでしょう。

✿ 入試を知ろう！

同じ教科の過去数年分の問題紙面を並べて，見比べてみましょう。

① 問題の量

毎年同じ大問数か，年によって違うのか，また全体の問題量はどのくらいか知っておきましょう。どのくらいのスピードで解けば時間内に終わるのか，大問ひとつにかけられる時間を計算してみましょう。

② 出題分野

よく出題されている分野とそうでない分野を見つけましょう。同じような問題が過去にも出題されていることに気がつくはずです。

③ 出題順序

得意な分野が毎年同じ大問番号で出題されていると分かれば，本番で取りこぼさないように先回りして解答することができるでしょう。

④ 解答方法

記述式か選択式か（マークシートか），見ておきましょう。記述式なら，単位まで書く必要があるかどうか，文字数はどのくらいかなど，細かいところまでチェックしておきましょう。計算過程を書く必要があるかどうかも重要です。

⑤ 問題の難易度

必ず正解したい基本問題，条件や指示の読み間違いといったケアレスミスに気をつけたい問題，後回しにしたほうがいい問題などをチェックしておきましょう。

✿ 問題を解こう！

志望校の入試傾向をつかんだら，問題を何度も解いていきましょう。ほかにも問題文の独特な言いまわしや，その学校独自の答え方を発見できることもあるでしょう。オリンピックや環境問題など，話題になった出来事を毎年出題する学校だと分かれば，日頃のニュースの見かたも変わってきます。

こうして志望校の入試傾向を知り対策を立てることこそが，過去問を解く最大の理由なのです。

✿ 実力を知ろう！

過去問を解くにあたって，得点はそれほど重要ではありません。大切なのは，志望校の過去問演習を通して，苦手な教科，苦手な分野を知ることです。苦手な教科，分野が分かったら，教科書や参考書に戻って重点的に学習する時間をつくりましょう。今の自分の実力を知れば，入試本番までの勉強の道すじが見えてきます。

✿ 試験に慣れよう！

入試では時間配分も重要です。本番で時間が足りなくなってあわてないように，リアル過去問で実戦演習をして，時間配分や出題パターンに慣れておきましょう。教科ごとに気持ちを切り替える練習もしておきましょう。

✿ 心を整えよう！

入試は誰でも緊張するものです。入試前日になったら，演習をやり尽くしたリアル過去問の表紙を眺めてみましょう。問題の内容を見る必要はもうありません。どんな形式だったかな？受験番号や氏名はどこに書くのかな？…ほんの少し見ておくだけでも，志望校の入試に向けて心の準備が整うことでしょう。

そして入試本番では，見慣れた問題紙面が緊張した心を落ち着かせてくれるはずです。

※まれに入試形式を変更する学校もありますが，条件はほかの受験生も同じです。心を整えてあせらずに問題に取りかかりましょう。

《解答例》

1 〔問題1〕観測的な証こや数学的な証明により、地動説の正しさを証明することに生かされた。

〔問題2〕公園の池のそばにいて美しい花を見つけ、感動し、花に近づくというように、一人しょうの視点で世界をながめ、感情をいだき、行動できるということ。

〔問題3〕〈作文のポイント〉

・最初に自分の主張、立場を明確に決め、その内容に沿って書いていく。

・わかりやすい表現を心がける。自信のない表現や漢字は使わない。

さらにくわしい作文の書き方・作文例はこちら！→

https://kyoei-syuppan.net/mobile/files/sakupo.html

《解　説》

1 **〔問題1〕**　傍線部《ぼうせんぶ》㋐の「能力」とは，「『いま，ここからの眺《なが》め』という一人称《いちにんしょう》の世界を超《こ》えて，『どこからでもない眺め』である三人称の世界を獲得《かくとく》できる」能力である。文章1における「三人称の世界」は，地動説が正しいという考え方と，それがもたらす自分たちの存在を相対化した世界観である。そして，この「三人称の世界」の獲得は，ケプラーが「地動説に対する観測的な証拠《しょうこ》」を出したことと，ニュートンが「惑星《わくせい》の動きを数学的に証明した」ことによってなされたのである。

〔問題2〕　傍線部㋑は，「いま，ここ」という一人称的な視点から世界を眺めることで，世界に働きかけることができるということを述べている。このことについて，最初の段落に「そこ(＝「いま，ここ」)から世界を感知し，世界に働きかける」「『いま，ここ』という特定の位置から，世界を知覚し，情動を抱《いだ》き，世界に働きかける」とあるので，これを具体的に説明した「私はいま，公園の池のそばにいて，そこから美しい花を見つけ，その花に感動し，それに近づく」の部分を用いてまとめる。

《解答例》

1　〔問題１〕太郎さんの作業…かく→切る→切る→切る→切る→切る→切る

花子さんの作業…かく→かく→かく→かく→かく

６枚のマグネットシートを切り終えるのにかかる時間…40

〔問題２〕右表

(得点板の数字を456から987にするのにかかる最短の時間)（ 16 ）秒
〔 4 〕→〔 6 〕一の位と百の位のボードを入れかえる。
〔 6 〕→〔 9 〕6のボードを180度回す。
〔 5 〕→〔 8 〕5にマグネットを2個つける。
〔 4 〕→〔 7 〕4にマグネットを1個つけて2個取る。
〔 　 〕→〔 　 〕

2　〔問題１〕AからC／航空機と鉄道の利用わり合は，AからBはほぼ同じであるのに対して，AからCは航空機の方が高い。その理由としては，AからCの航空機と鉄道の料金は，ほぼ変わらないが，航空機の所要時間が約半分だからと考えられる。　〔問題２〕「ふれあいタクシー」の取り組みが必要になった理由…人口が減少し，路線バスの本数が減少したE町が，移動することにこまっている人を対象とした交通手だんを用意するため。

「ふれあいタクシー」導入の効果…75 さい以上の人の多くが，利用者証を得て，「ふれあいタクシー」を利用して買い物や病院へ行くことができるようになった。

3　〔問題１〕750ｇの金属をのせて調べたときも 1000ｇの金属をのせて調べたときも，おもりの数は手順６の板のときが最大であった。そして，手順６の板のみぞの方向に対して糸の引く方向はすい直であり，キャップのみぞの方向に対して手で回す方向もすい直であるから。　〔問題２〕組み合わせ…２号と５号　理由…実験２では同じでなかった条件のうち実験３では同じにした条件は，重さである。１号と３号のすべり下りる時間が同じなのに，１号と６号のすべり下りる時間は同じではなかった。だから，すべり下りる時間が同じになるのは，一番下の板の素材が同じ場合だと考えられるから。

《解　説》

1　**〔問題１〕**　太郎さんは「かく」作業に10分，「切る」作業に５分かかり，花子さんは「かく」「切る」作業のどちらも７分かかる。よって，「かく」作業は花子さん，「切る」作業は太郎さんができる限りするように考える。

最初の作業はどちらも「かく」作業になり，かいた枚数よりも切った枚数の方が多くならないように，２人の作業をまとめると，右図のようになる。このとき，太郎さんの作業時間は $10+5\times6=40$(分間)，花子さんの作業時間は $7\times5=35$(分間)だから，45分未満で終わらせることができる。解答例以外にも，条件に合えば他の手順，時間となってもよい。

太郎	⑩	5	5	5	5	5	5
花子	⑦	⑦	⑦	⑦	⑦		

※単位は「分」であり，「かく」作業は○印，「切る」作業は□印で表す。

〔問題２〕　２枚のボードを入れかえること(操作４)を行うかどうかで，場合を分けて考える。

操作４を行わない場合，〔４〕→〔９〕はマグネットを２個つける，〔５〕→〔８〕はマグネットを２個つける，〔６〕→〔７〕は180°回してマグネットを３個とるのが最短の方法で，$2\times2+2\times2+(3+2\times3)=17$(秒)

かかる。

操作4を行う場合，〔6〕→〔7〕に時間がかかることを考えると，6を他の数字と入れかえたい。〔6〕→〔9〕は180°回転させるだけでよいので，最初に4と6を入れかえる。〔6〕→〔9〕は180°回す，〔5〕→〔8〕はマグネットを2個つける，〔4〕→〔7〕はマグネットを1個つけて2個とるのが最短の方法で，

3＋3＋2×2＋2×3＝16(秒)かかり，こちらの方法が最短となる。

2 〔問題1〕 AからDを選んだ場合の解答は，「航空機と鉄道の利用わり合は，AからBはほぼ同じであるのに対して，AからDは鉄道の方が高い。その理由としては，AからDの航空機と鉄道の所要時間は，ほぼ変わらないが，鉄道の料金が航空機の料金の約3分の2だからと考えられる。」となる。移動手段を考える場合，所要時間と料金のどちらを重視するかで選択が変わってくる。所要時間が同じなら料金の安い方，料金が同じなら所要時間の短い方を選択するのが，一般的な消費者の行動と言える。数値が比較しにくいときは，(料金)÷(所要時間)から，単位時間あたりの料金を求めるか，(所要時間)÷(料金)から，単位料金あたりの所要時間を求めるかして比べてみればよい。

〔問題2〕 表2からE町における路線バスの平日一日あたりの運行本数が減っていることを読み取り，図2からE町の人口が減っていることを読み取る。次に，路線バスの運行本数が減って困る人がどのような人かを，図3から読み取る。そうすれば「ふれあいタクシー」の取り組みが必要になった理由を考えることができる。また，表3から，利用者証新規交付数が減少するなか，利用者証累計交付数が，E町の75歳以上の人口の数値に近づいていて，75歳以上の人の多くが利用者証の交付を受けていることを読み取る。

3 〔問題1〕 手でつかむ力が大きいときを1000gの金属をのせたとき，手でつかむ力が小さいときを750gの金属をのせたときとして考える。また，結果では，プラスチックの板が動いたときのおもりの数が多いほど，すべりにくいと考えればよい。なお，実験でプラスチックの板が動くときが，キャップが開くときではない。

〔問題2〕 組み合わせについては，解答例の他に「4号と6号」でもよい。このときの理由は，「2号と5号」のときと同じで，実験3では重さを同じにしたこと，一番下の板の素材が同じであればすべり下りる時間が同じになると考えられることについてまとめてあればよい。

《解答例》

1 〔問題1〕分かっていない点を明確に指てきできない状態や、「知ってるつもり」に気付けない状態でいるから。

〔問題2〕ぎ問やすい測を生み出すために必要な、つながりのある知識を整理して身に付けること。

〔問題3〕(例文)

私は、宇宙に興味がある。初めて訪れた場所で方角が分からなくなった時に、太陽がある方向と時刻から、目的地がある方角を割り出し、迷子にならずに済んだことがある。

この時に使った知識は、本文に書かれている「孤立した他と関連しない知識」にあたると気付いた。朝は東に見えていた太陽が、昼には南に見えるのは経験的に知っていることであり、なぜそうなるのか疑問をいだくことはない。そして、同じような方法で正確な方位を知るにはどうすればよいか、赤道上や南半球ではどうなるのかといった疑問が生じることはなく、それらを考えるための、周辺の知識群が存在するとは思わない。

私は、物事を深く調べ考えていくうえで、物事がなぜそうなるのかを説明できる周辺の知識を身に付けたいと考える。そして、将来理科の先生になった時に、子どもたちに宇宙のみ力を上手に伝えることに生かしていきたいと思う。

《解　説》

1 **〔問題1〕** 直後に「その理由には、大ざっぱにいって２種類あります」とあるので、直後の５段落から２点まとめる。１点目については、「難《むずか》しくてまったくよくわからないという分野について」、「どこがわかっていないのかを明確にピンポイントで言うことはまず無理」だとある。２点目については、「『知ってるつもり』でいること」について「当たり前だとか、そういうものだと思って」、「明確に疑問《ぎもん》を持」たないことだとある。

〔問題2〕 本文の４段落目の「ピンポイントにわからない状態になれるためには、その付近の知識がかなりシステマティックにしっかりしてこないと無理なのです」や、最後から２段落目の「『知ってるつもり』の知識は、孤立《こりつ》した他と関連しない知識ですから、そこから疑問や推測を生み出すことなく、わからなくならない」より考える。「その付近の知識がかなりシステマティックにしっかりして」くることや、「疑問や推測を生み出す」ような「周辺の知識群」を身に付けることで、「わからなくなれる程度に」「ある程度わかってくる」のである。

〔問題3〕 条件がかなり多いので、最初に構想メモを作り、書くことを整理しておこう。

《解答例》

1　〔問題１〕道順…(エ)→キ→オ→イ→カ　式と文章…５＋７×1.4＋７＋10×1.4＋13＝48.8　ロボットの分速は 12m なので，１m進むには，５秒かかる。ブロックを１個運んでいるときは７秒，ブロックを２個運んでいるときは10秒，ブロックを３個運んでいるときは13秒かかる。また，1.4m進むためには，１m進むときよりも時間は1.4倍かかる。わたしが考えた道順に合わせて，かかる時間をそれぞれたし合わせると，48.8秒になる。

〔問題２〕Ａ，Ｂ，Ｄ／右表

表５　太郎《たろう》さんと花子さんがさらに書きこんだ表

	①の電球	②の電球	③の電球	④の電球
Ａのスイッチ	×	○	○	×
Ｂのスイッチ	○	×	○	○
Ｃのスイッチ	×	○	○	○
Ｄのスイッチ	×	×	×	○
Ｅのスイッチ	○	○	○	×

2　〔問題１〕第２次産業／しゅう業数者は，1960 年と比べて 1990 年は増加し，1990 年と比べて 2020 年は減少している。しゅう業者数の最も多い年れいそうは，1960 年は 15～24 さい，1990 年は 35～44 さい，2020 年は 45～54 さいと変化している。

〔問題２〕図２…①　図３…⑤　農家の人たちの立場…共通する利点は，カフェ事業を始めたり，新しい観光ルートを提案したりして，来客数が増えて，売り上げが増加したことである。　農家以外の人たちの立場…消費者にとって共通する利点は，新しくできたカフェをおとずれたり，加工工場見学などの新しい観光ルートを体験したりして，新たなサービスを受けられるようになったことである。

3　〔問題１〕⑴ウ　⑵葉の面積を同じにしたときの葉についたままの水の量が多いか少ないかを比べ，水てきが葉とくっついている部分の大きさが大きいか小さいかを比べることによって判断した。

〔問題２〕⑴図３から黒色のインクがついた部分がより少ないので，すき間がより広いと考えられ，図４からおもりをのせるとよりちぢむので，厚みがある方向にもすき間がより広いと考えられる。つまり，あらゆる方向に，水が入ることができるすき間がより多いから。　⑵じょう発した水の量は，箱とシャツの合計の重さが軽くなった量からＴシャツの重さが重くなった量を引くことによって求められる。キは，Ｔシャツによってきゅうしゅうされた水の量とじょう発した水の量のどちらも最も多いから。

《解　説》

1　**〔問題１〕**　ロボットの移動する速さは何も運んでいないとき分速 12mだから，１m進むのに 60÷12＝５(秒)，1.4m進むのに５×1.4＝７(秒)かかる。同様にして，ブロックを運んでいるときの個数と時間をまとめると，右表のようになる。

運んでいる ブロックの数	１m進むのに かかる時間	1.4m進むのに かかる時間
０個	５秒	７秒
１個	７秒	9.8秒
２個	10秒	14秒
３個	13秒	18.2秒

時間の合計の小数第一位を８にするためには，9.8秒かかる進み方を１回だけ行い，あとはかかる時間が整数になるようにしたい。

まずは時間が最短となるような道順を考えてみる。時間を最短にする方法として，倉庫に行くのを１回ですませたいので①「３つのブロックをまとめて倉庫まで運ぶ場合」と，ブロックを３つ運ぶことでロボットがおそくなることをさけたいので②「途《と》中《ちゅう》で倉庫にブロックをおろす場合」の２パターンが考えられる。

①の場合，ブロックを２つまたは３つ運んでいる状態をなるべく短くしたいので，ブロックの位置をまわる順番は

キ→イ→カとしたい。この場合最短の道のりを通るには，エまたはクをスタートして，キ→オ→イ→カ→ケとまわればよい。このときかかる時間は，５＋9.8＋７＋14＋13＝48.8(秒)となる。よって，これが求める道順である。
②の場合，ブロックの位置をイ→カとまわってから倉庫に２つおろしたいので，ア，ウ，オのいずれかからスタートして，イ→カ→ケ→ク→キ→ク→ケとまわればよい。このときかかる時間は，５＋9.8＋10＋５＋５＋７＋７＝48.8(秒)となる。よって，これも求める道順である。
解答例のように適切に式と文章で説明してあれば，いずれの道順でもよい。

〔問題２〕　まずはそれぞれの電球について，対応するスイッチを確定させていく。②の電球について，ヒント(あ)から，ＢとＣの一方が○でもう一方が×とわかる。よって，ヒント(い)から，Ｄは×で確定する。したがって，ヒント(う)から，Ｅは○で確定する。
③の電球について，表４よりＢとＣはともに○か×だから，ヒント(い)から，Ｄは×で確定する。また，ヒント(う)から，Ｅは○で確定する。
④の電球について，ヒント(あ)から，ＢとＣはともに○か×だから，ヒント(い)から，Ｄは○で確定する。
また，ヒント(う)から，Ｅは×で確定する。
以上より，ＤとＥはすべて確定するので，下の表のようになる。

ヒント(あ)	②の電球
Ａのスイッチ	○
Ｂのスイッチ	○
Ｃのスイッチ	×

または

ヒント(あ)	②の電球
Ａのスイッチ	○
Ｂのスイッチ	×
Ｃのスイッチ	○

ヒント(い)	②の電球
Ｂのスイッチ	○
Ｃのスイッチ	×
Ｄのスイッチ	×

または

ヒント(い)	②の電球
Ｂのスイッチ	×
Ｃのスイッチ	○
Ｄのスイッチ	×

ヒント(う)	②の電球
Ａのスイッチ	○
Ｄのスイッチ	×
Ｅのスイッチ	○

ヒント(あ)	④の電球
Ａのスイッチ	×
Ｂのスイッチ	○
Ｃのスイッチ	○

または

ヒント(あ)	④の電球
Ａのスイッチ	×
Ｂのスイッチ	×
Ｃのスイッチ	×

ヒント(い)	④の電球
Ｂのスイッチ	○
Ｃのスイッチ	○
Ｄのスイッチ	○

または

ヒント(い)	④の電球
Ｂのスイッチ	×
Ｃのスイッチ	×
Ｄのスイッチ	○

ヒント(う)	④の電球
Ａのスイッチ	×
Ｄのスイッチ	○
Ｅのスイッチ	×

<table>
<tr><th></th><th colspan="2">①の電球</th><th colspan="2">②の電球</th><th colspan="2">③の電球</th><th colspan="2">④の電球</th></tr>
<tr><td>Ａのスイッチ</td><td colspan="2">×</td><td colspan="2">○</td><td colspan="2">○</td><td colspan="2">×</td></tr>
<tr><td>Ｂのスイッチ</td><td>○</td><td>×</td><td>○</td><td>×</td><td>○</td><td>×</td><td>○</td><td>×</td></tr>
<tr><td>Ｃのスイッチ</td><td>×</td><td>○</td><td>×</td><td>○</td><td>○</td><td>×</td><td>○</td><td>×</td></tr>
<tr><td>Ｄのスイッチ</td><td colspan="2">×</td><td colspan="2">×</td><td colspan="2">×</td><td colspan="2">○</td></tr>
<tr><td>Ｅのスイッチ</td><td colspan="2">○</td><td colspan="2">○</td><td colspan="2">○</td><td colspan="2">×</td></tr>
</table>

よって，ＢかＣはどちらか一方が確定すればもう一方も確定する。したがって，例えばＡ，Ｂ，Ｄを押した後に明かりがついていたのは①と②の電球だとすると，Ｂを押したとき①から④の電球はそれぞれ○，×，○，○と確定し，これによってＣを押したとき①から④の電球はそれぞれ×，○，○，○と確定するので，Ａ，Ｂ，Ｄは解答の１つである。同様に，Ｂ，Ｃの中から１つ，Ａ，Ｄ，Ｅの中から２つを選んだ組み合わせであればどのような組み合わせでもよいが，組み合わせによってＢとＣに反応する電球は変化する。

2 〔問題１〕　第３次産業を選んだ場合，「就業者数は，1960 年と比べて 1990 年は増加し，1990 年と比べて 2020 年も増加している。就業者数の最も多い年齢層は，1960 年は 25～34 歳，1990 年は 35～44 歳，2020 年は 45～54 歳と変化している。」となる。1960 年の第３次産業人口は 453＋474＋319＋248＋130＋39＋６＝1669(万人)，1990 年の第３次産業人口は 533＋786＋945＋760＋451＋134＋33＝3642(万人)，2020 年の第３次産業人口は 321＋645＋813＋971＋766＋444＋108＝4068(万人)だから，確実に増えている。また，産業別の就業者数の最も多い年齢層は，徐々に上がっていることが読み取れ，どの産業においても，就業者の高齢化が進んでいることがわかる。

〔問題２〕　＜具体的な取り組み＞の利点をまとめてみよう。

例えば③と⑤を選べば，農家の人たちの立場から共通する利点は，「家族連れの観光客の数が増える。」，農家以外の人たちの立場から共通する利点は，「飼育体験や工場見学など都会ではできないような体験ができる。」などが考えられる。農家の人たちの立場からの利点は，「売り上げが増えるための工夫」を読み取ろう。農家以外の人たちの立場からの利点は，「商品や体験から得られる価値」を考えよう。

	農家の人たちの立場	農家以外の人たちの立場
①	来客数が増加する。	新鮮な卵を使ったメニューが食べられる。
②	卵や肉などの売り上げが増える。	宿泊と地元の料理が楽しめる。
③	体験をする観光客が増える。	都会では味わえない体験ができる。
④	捨てていたしいたけを出荷できる。	新たなメニューを楽しめる。
⑤	観光客が増える。	工場見学ができる。
⑥	販売品目が増える。	新たな商品を購入できる。

3　〔問題１〕　太郎さんと花子さんの会話より，水滴《すいてき》が転がりやすいかどうかを判断するときには，表２の結果だけに着目するのではなく，表１でそれぞれの葉の面積が異なることにも着目しなければならないことがわかる。表２の10枚の葉についたままの水の量を表１の葉の面積で割った値が小さいものほど，同じ面積についたままの水の量が少ない，つまり水滴が転がりやすいと考えればよい。よって，その値が約0.1のアとイとエは水滴が転がりにくい葉，約0.02のウとオは水滴が転がりやすい葉と判断できる。

〔問題２〕(1)　水を多く吸収できるということは，吸収した水をたくわえておくことができるすき間が多くあるということである。粒《つぶ》が小さいどろがたい積した層ではすき間がほとんどないため水を通しにくいのに対し，粒が大きい砂がたい積した層ではすき間が大きいため水を通しやすいことと同様に考えればよい。　(2)　カでは，箱とシャツの合計の重さが1648.3－1611＝37.3(g)軽くなっているが，これがすべて蒸発した水の量ではない。Ｔシャツの重さに着目すると，189.8－177.4＝12.4(g)重くなっている。つまり，Ｔシャツが吸収した37.3ｇのうち，12.4ｇはＴシャツに残っているから，蒸発した水の量は37.3－12.4＝24.9(g)と求められる。キについても同様に考えると，Ｔシャツが吸収した水が45.9ｇ，Ｔシャツに残っている水が18.8ｇ，蒸発した水が45.9－18.8＝27.1(g)である。また，クについては変化した23.1ｇが蒸発した水の量である。以上のことから，蒸発した水の量が多い順に，キ＞カ＞クとなる。よって，ポリエステルは木綿よりも水を吸収しやすく，かわきやすい素材だと考えられる。

《解答例》

1　〔問題１〕多くの反例が示されることで、じゅう来のものの見方や考え方にうたがいが生じ、い持できなくなるから。

〔問題２〕当たり前のことをめぐる問いにもかかわらず、だれも最終的な答えを知らない

〔問題３〕(例文)

「思い込み」とは、最初によい人だと思い込むと、その人の行為がすべてよいように見えるというように、いったん正しいと思い込んだら容易に抜けだすことができないほど、深く信じ込むことである。

　文章２の筆者は、当たり前のことをあえて問う「哲学対話」によって、自己と世界の見方を深く豊かにしていくことができるようになると考えている。

　私は、学級会で何かを決める場面で、一つの意見に流されないために「哲学対話」を生かすことができると考える。クラスの中心的な人物や、大勢の前で発言することが得意な人が、最初に意見を言うことが多い。すると、その意見を良い意見だと思い込んだり、それ以上考えるのがめんどうになったりする人がいて、あまり検討せずに多数決で決まってしまうことがある。そのような流れを当たり前だと思わずに、本当にそうだろうか、別の見方はないだろうかと考えてみる姿勢が必要だ。その時、クラスの中でのキャラクターといった色眼鏡をかけて見ないようにすることも大切だ。「哲学対話」の方法で、根本的なことをじっくり話し合うことによって、より良い結論が見つかるはずだと考える。

《解　説》

1　**〔問題１〕**　「大きく変化する」ものは，「パラダイム」(ある時代に多くの人が当然の前提として受け入れている，支配的な，あるいは規範《きはん》になっているようなものの見方や考え方)。わたしたちには「従来《じゅうらい》の枠組《わくぐ》みに慣れてしまっていると，仮にそれから外れた例を示されても～その枠組み自体を疑《うたが》うということを簡単《かんたん》にはしません～従来の枠組みを維持《いじ》しようという方向に～思考は働くのです」という傾向《けいこう》があるので，「パラダイム」(枠組み)は変化させにくいものである。その「パラダイム」が大きく変化するのは，どういうときか。それは，――の６～８行後で「多くの反例が示されて，いよいよとなったときにパラダイムの劇的《げきてき》な変化(パラダイムシフト)が起こるのです」と述べられている。「いよいよとなったとき」とはどういうときかを読み取る。それは，「枠組み自体を疑うということ」をせざるを得ない状況《じょうきょう》になったときである。つまり，従来のパラダイムから外れる例(反例)がたくさん出てきて，従来のものの見方や考え方に疑いが生じ，その枠組みを維持できなくなって，「パラダイム」が「大きく変化する」ことになるということ。

〔問題２〕　――の問いは，直前に「たとえば」とあるとおり，「当たり前のことをあえて問う問い，そしてそう簡単に答えの出ない問い」の例である。――に続けて，これらの問いをめぐる内容を具体的に説明したあと，次の段落で「当たり前のことをめぐる問いを問うと，実は，みんなさまざまに異《こと》なる意見をもち，誰《だれ》も最終的な答えを知らないことに気づいて驚《おどろ》きます」と述べている。下線部を用いてまとめる。

〔問題３〕　まず，〔手順〕１の「『思い込《こ》み』とはどういうことか」を説明する。文章１の具体例は，１段落目に「対人関係～その人をいったんよい人だと思い込んでしまうと，その人の行為《こうい》がすべてよいように見えてしまう～逆に一度嫌《きら》いだと思った人の行為はどうしてもネガティブに評価してしまいがちです」，２段落目に「古い例で

すが，天動説（ここでの「思い込み」）から地動説への変化もその（パラダイムが大きく変化した）代表的な例です」とある。それらの例を通して，筆者は「いったん信じ込んだものから自由になるのがとてもむずかしい」ということを言っている。つまり，それほど深く信じ込むことを思い込みの怖《こわ》さとして述べているのである。次に，〔手順〕２について，文章２の筆者が「『哲学《てつがく》対話』によってどのようなよい点が生じる」と述べているのかをまとめる。文章２の４段落目で「哲学対話とは～人々と言葉を交《か》わしながら，ゆっくり，じっくり考えることによって，自己《じこ》と世界の見方を深く豊かにしていくこと」と述べていることから，下線部をできるようになることが「よい点」だと読み取れる。これらの内容をふまえて，「思い込み」によって良くない状態になること，それを改めるために「哲学対話」が有効である場面を，自分の経験から思い出し，どのように生かせるのかわかりやすく説明しよう。

《解答例》

1 〔問題1〕⑴4.06　⑵直角三角形…20　正三角形…10　円…7

説明…1本のモールは，直角三角形を6個，正三角形を3個作るように切る。

1本のモールは，直角三角形を6個，正三角形を2個，円を1個作るように切る。

1本のモールは，直角三角形を6個，正三角形を1個，円を2個作るように切る。

1本のモールは，直角三角形を2個，正三角形を4個，円を4個作るように切る。

〔問題2〕⑴右図のうち1つ

⑵2，3，4

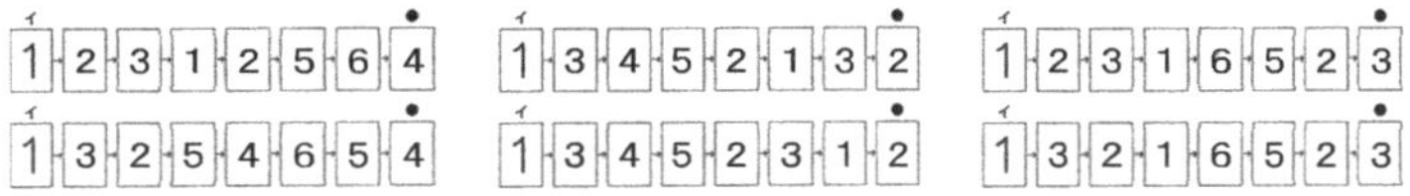

2 〔問題1〕サケのルイベ…サケのルイベに「雪にうめて，こおらせる」という保存方法が用いられているのは，小樽市の冬の平均気温が0度以下だから。　マアジのひもの…マアジのひものに「日光に当てて干す」という保存方法が用いられているのは，小田原市の冬の降水量が夏に比べて少なく，日光に当てることができたから。

ブリのかぶらずし…ブリのかぶらずしに「甘酒につけて，発酵をうながす」という保存方法が用いられているのは，金沢市の冬は降水量が多く，空気がしめっており，発酵が進む気温だから。

〔問題2〕(米と小麦の例文)米がとれる地域と小麦がとれる地域の年平均気温と年間降水量をそれぞれ比べると，米がとれる地域の年平均気温は高く，年間降水量は多いが，小麦がとれる地域の年平均気温は低く，年間降水量は少ない。

3 〔問題1〕⑴選んだもの…ウ　理由…実験1から，色がついているよごれを最もよく落とすのは，アとウであることが分かる。そして，実験2から，アとウを比べると，ウの方がより多くでんぷんのつぶを減少させることが分かるから。　⑵5分後のつぶの数をもとにした，減少したつぶの数のわり合は，水だけの場合よりも液体ウの場合の方が大きいから。

〔問題2〕⑴せんざいの量を28てきより多くしても，かんそうさせた後のふきんの重さは減少しないので，落とすことができる油の量は増加していないと分かるから。

⑵サラダ油が見えなくなるもの…A，B，C，D　洗剤…4

《解　説》

1 **〔問題1〕⑴⑵**　図2の周りの長さは，直角三角形が3＋4＋5＝12(㎝)，正三角形が3×3＝9(㎝)，円が3×3.14＝9.42(㎝)である。1m＝100㎝だから，100÷12＝8余り4，100÷9＝11余り1より，すでに切ってある2本のモールからは，直角三角形が8個，正三角形が11個できる。また，2本のモールの余りの長さの合計は4＋1＝5(㎝)である。

図3のカード1枚には，直角三角形が4個，正三角形が3個，円が1個あるので，図3のカードを1枚作るのに，モールは12×4＋9×3＋9.42＝84.42(㎝)必要である。モールは全部で6m＝600㎝あるから，無駄なく使うと考えると，600÷84.42＝7余り9.06より，図3のカードは最大で7枚できる。よって，モール6本で図2の直角三角形が4×7＝28(個)，正三角形が3×7＝21(個)，円が1×7＝7(個)できるかを考える。残り4本のモールで直角三角形が28－8＝20(個)，正三角形が21－11＝10(個)，円が7個できればよい。また，このときの6本のモールの余りの長さの合計は9.06㎝だから，図3のカードが7枚できるのであれば，4本のモールの余りの長

さの合計は9.06－５＝4.06(cm)となる。

４本のモールについて，１本あたりの余りの長さが約１cmになればよいので，これを基準に，余りの長さに注目して考える。また，必要な直角三角形と正三角形の個数の比は20：10＝２：１だから，この比となるようにできるだけ多く直角三角形と正三角形を１本のモールから作ろうとすると，直角三角形を６個，正三角形を３個作ることができ，このときの余りは100－12×６－９×３＝１(cm)となる。ここから，正三角形を１個減らして円を１個増やすと，余りは9.42－９＝0.42(cm)減るから，この操作を全部で２回できる。よって，３本のモールからそれぞれ，「直角三角形６個と正三角形３個」，「直角三角形６個と正三角形２個と円１個」，「直角三角形６個と正三角形１個と円２個」を作ることができるので，あと１本のモールから，直角三角形が20－６×３＝２(個)，正三角形が10－３－２－１＝４(個)，円が７－１－２＝４(個)できればよい。12×２＋９×４＋9.42×４＝97.68より，１本のモールから直角三角形が２個と正三角形が４個と円が４個できるので，解答例のような切り方が考えられ，カードは７枚作れる。

この考え方以外にも，モールの切り方は次のように考えることもできる。

４本のモールの余りは4.06cmであり，モールの余りが小数になるのは円を作ったときだから，先に円を７個作ることを考える。１本のモールから円を７個作り，さらにできるだけ余りが少なくなるように直角三角形と正三角形を作ろうとすると，「直角三角形２個と正三角形１個と円７個」を作ることができ，このときの余りは100－12×２－９－9.42×７＝1.06(cm)となる。残り３本のモールの余りの合計は4.06－1.06＝３(cm)だから，「直角三角形６個と正三角形３個」を作る(余りは１cm)ことを３回行うと，４本のモールの余りの合計が4.06cmとなり，直角三角形を20個，正三角形を10個，円を７個作ることができる。

モールの切り方は解答例やこの方法以外にもいくつかある。

〔問題２〕(1)(2)　図４の一番左の図で，上の頂点を□，下の頂点を■とする。□が動かないように立体を転がすと，机に接する面は「１，２，３」のいずれかになり，■が動かないように立体を転がすと，机に接する面は「４，５，６」のいずれかになる。また，□または■が動くように立体を転がすと，机に接する面は「１⇔６」「２⇔５」「３⇔４」のように変化する。このことに注意すると，■が最初に接するのは，図ｉのａ～ｅのいずれかとなる。最初にｃ，ｄで接する場合は７回の移動で●のマスまで移動できないので，ａ，ｂ，ｅについて考える。

ａのときの接する面の数字は図ⅱのようになり，●のマスは４で，７回の転がし方は「イ(１)→２→３→１→２→５→６→●(４)」「イ(１)→３→２→５→４→６→５→●(４)」の２通りある。

ｂのときの接する面の数字は図ⅲのようになり，●のマスは２で，７回の転がし方は「イ(１)→３→４→５→２→１→３→●(２)」「イ(１)→３→４→５→２→３→１→●(２)」の２通りある。

ｅのときの接する面の数字は図ⅳのようになり，●のマスは３で，７回の転がし方は「イ(１)→２→３→１→６→５→２→●(３)」「イ(１)→３→２→１→６→５→２→●(３)」の２通りある。

したがって，●のマスに接する面の数字は２，３，４である。

図ⅰ
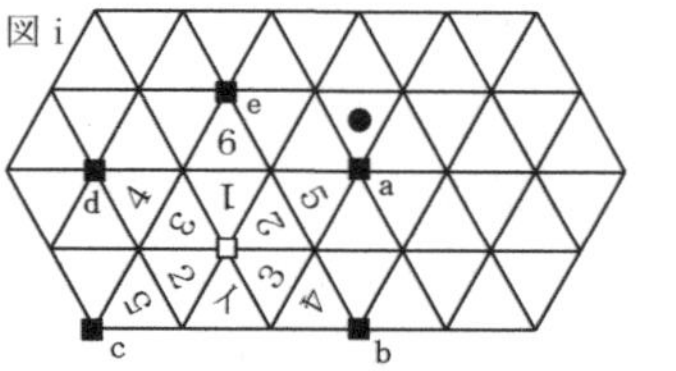

図ⅱ
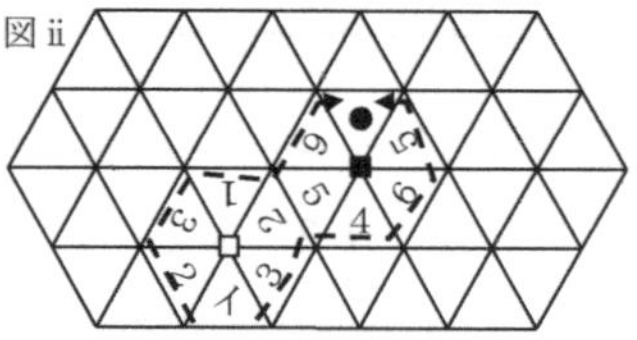

図ⅲ
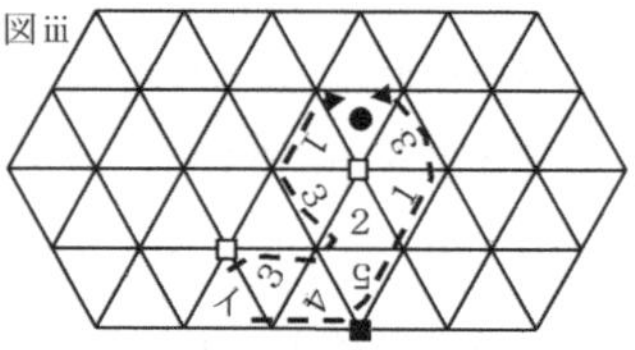

図ⅳ
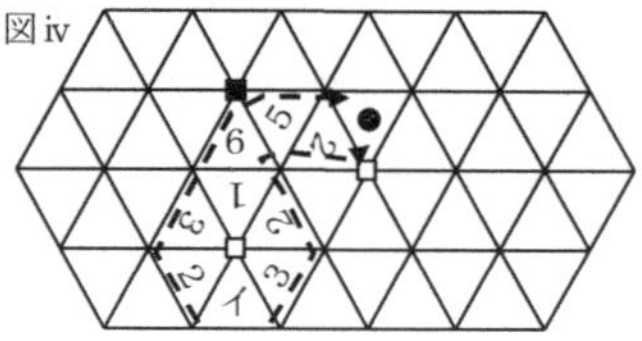

2 〔問題１〕 図１の保存方法から地域の気候の特徴を読み取り，図２の都市の冬(12 月１月)の降水量や気温と関連付ける。 〔サケのルイベ〕 図１で雪にうめてこおらせていることから，冬にまとまった雪が降ると考えられる。それを踏まえて図２を見ると，北海道小樽市の冬の気温がマイナスなので，寒さが厳しいことが読み取れる。

〔マアジのひもの〕 図１で空気がかわいた時期に天日干ししていることから，冬にかんそうした晴れの日が多いと考えられる。それを踏まえて図２を見ると，神奈川県小田原市の冬の降水量が 100 ㎜以下で少ないことが読み取れる。 〔ブリのかぶらずし〕 図１で空気がしめっている時期に発酵させていることから，冬の降水量が多いと考えられる。それを踏まえて図２を見ると，石川県金沢市の冬の降水量が 250～300 ㎜で多いことが読み取れる。

また，冬の気温が５度以上であることに着目すれば，発酵に適した温度だと導ける。

〔問題２〕 図４より，①と②は小麦，③と⑤はそば，④と⑥は米が材料である(右図参照)。解答例の他，「そばがとれる地域の年平均気温は低く，年間降水量は多い。」も考えられる。

図５ 先生が示した図

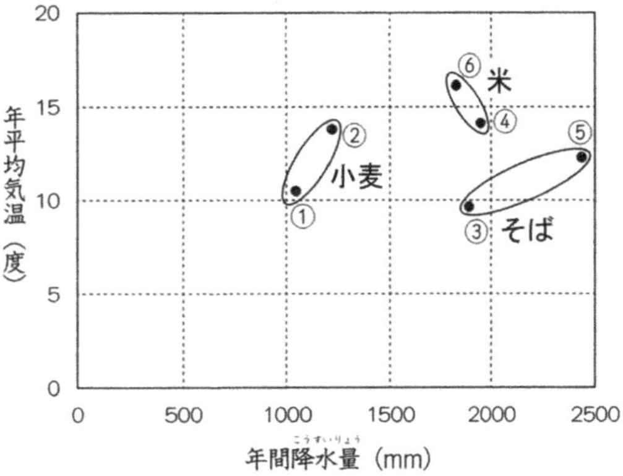

3 〔問題１〕(1) ここでは５分間液体につけておくときのよごれの落ち方を考える必要があるので，表１と２では，５分後の結果に着目し，表１からは色がついているよごれの落ち方，表２からはでんぷんのよごれの落ち方を読み取る。５分間では，色のついているよごれはアとウで最も落ちやすく，でんぷんのよごれはウで最も落ちやすい。よって，どちらのよごれも落ちやすいウが適切である。 (2) 表２より，水だけのときの５分後の粒《つぶ》の数は804，60分後の粒の数は484だから，55分間で804－484＝320減っている。５分後の粒の数をもとにした，減少した粒の割合は320÷804×100＝39.8…(％)である。ウについても同様にして求めると，(476－166)÷476×100＝65.1…(％)となるから，ウの方がでんぷんのよごれの程度をより変化させたといえる。

〔問題２〕(1) 表３の乾燥《かんそう》させた後のふきんの重さから最初のふきんの重さ20.6ｇを引いたものが，ふきんに残っているサラダ油の重さだと考えられる。24滴《てき》までは，洗剤《せんざい》の量を多くすると，残っている油の重さが軽くなっていくが，28滴のときには24滴のときよりも多くの油が残っていて，28滴より多くしても残っている油の重さが軽くならないから，太郎さんの予想は正しくないといえる。 (2) サラダ油100滴の重さが2.5ｇだから，サラダ油0.4ｇは100×$\frac{0.4}{2.5}$＝16(滴)である。よって，表４で，加えたサラダ油の量が16滴より多いＡ～Ｄでは，液体の上部にサラダ油が見えなくなる。また，実験４から考えられる，サラダ油0.4ｇを落とすことができる最低限の洗剤の重さは，サラダ油の量が17滴のときに上部にサラダ油が見えた(16滴のサラダ油は落とすことができる)Ｄに入っている洗剤の重さと同じである。入っている洗剤の重さは，Ａが１ｇの半分，ＢがＡの半分，ＣがＢの半分，ＤがＣの半分だから，Ｄに入っている洗剤の重さは$1 \div \overset{A}{2} \div \overset{B}{2} \div \overset{C}{2} \div \overset{D}{2} = 0.0625$(ｇ)である。よって，洗剤100滴の重さが２ｇだから，洗剤0.0625ｇは100×$\frac{0.0625}{2}$＝3.125(滴)であり，最低４滴の洗剤が必要である。

《解答例》

1　〔問題1〕ウェブサイト・アプリの「乗換案内サービス」の開発により、本の時刻表で調べる労力を不要と思うようになったということ。　〔問題2〕石斧には、時間と労力をかけなければならないからこそ、ひと息入れている時に万物との対話を楽しめるという価値がある。

〔問題3〕（例文）

私は、書道ですみをすることが、手間がかかる「無駄」な行為だと考えた。手軽に使える液体のすみがあるのに、わざわざ時間をかけて固形のすみをすることは、「無駄」な行為だと思っていた。学校の書写の授業や、通っている習字教室でも、液体のすみを使うことが多い。しかしある時、すみをすることが、心を落ち着かせ、感覚を研ぎすまさせるという価値を生み出すことに気が付いた。

四年生の夏休みに、京都のお寺で写経体験をした。その時に固形のすみをすって、その香りに心がやすらぐのを感じた。また、すっている間に、これから使う筆や紙のことを考えたり、虫の声や風の音に耳をすませたりした。この経験から、すみをする行為は、単にすみを準備するだけでなく、自分の心を豊かにする行為なのだと考えた。そのように、すみをするのにかける時間が、せわしない日常から私たちの心を解き放ってくれるため、価値を生み出すのだと思う。

《解　説》

1　〔問題1〕　「『無駄《むだ》』とされる行為《こうい》が生まれてきた」は，それまで「無駄」ではなかったことが，新たに「無駄」だとされるようになったということ。傍線部《ぼうせんぶ》の直前の「技術の進歩によって便利な道具が開発される」ということの具体例が，「ウェブサイト・アプリの『乗換《のりかえ》案内サービス』」の開発である。その登場によって，それまで行っていた本の「時刻表《じこくひょう》」で調べる方法を，「今やそれが思い出せないぐらい」「信じられないぐらいの『手間』がかかり，なんて『無駄』なことだ」と感じるようになった。つまり，それにかける労力を不要なものだと思うようになったということ。

〔問題2〕　著作権に関係する弊社《へいしゃ》の都合により文章2を非掲載《ひけいさい》としておりますので，解説を省略させていただきます。ご不便をおかけし申し訳ございませんが，ご了承《りょうしょう》ください。

〔問題3〕　「手間がかかる『無駄』な行為」でありながら「価値《かち》を秘《ひ》めている」こと。その行為を無駄だと感じるということは，代わりに効率のよい方法がある，労力をかけずによりよい結果を得る方法があるということである。ふだんの生活のなかで，らくな方法があるのにあえてめんどうなことをする，早い方法があるのに時間のかかるやり方をしている，時代おくれだと思うのになぜか続いている，などと感じることはないだろうか。一見無駄であるそれらが残っている理由は何だろう，良い点があるから残っているはずだ，と考えると，秘められた「価値」が見つかる。時間や労力がかかるからこそ得られる，遠回りするからこそ見えてくる，そういったものごとに目を向け，なぜそのような価値があるのかを考えてみよう。

《解答例》

1 〔問題１〕右図　説明…ＡとＣの和はＢの２倍になっていて，ＤとＦの和はＥの２倍になっている。したがって，ＢとＥの和の３倍が，６個の数の和と同じになる。
135÷３＝45 なので，ＢとＥの和が 45 になる場所を見つければよい。

14	21	28
16	24	32

〔別解〕

16	20	24
20	25	30

〔問題２〕アの側面に書く４個の数…１，２，３，５　イの側面に書く４個の数…１，３，４，５
ウの側面に書く４個の数…１，２，３，７　エの側面に書く４個の数…１，３，４，７

〔アの展開図〕

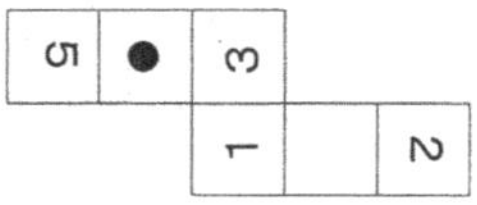

〔イの展開図〕

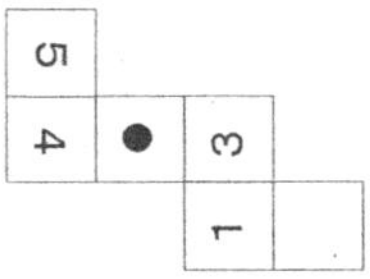

〔ウの展開図〕

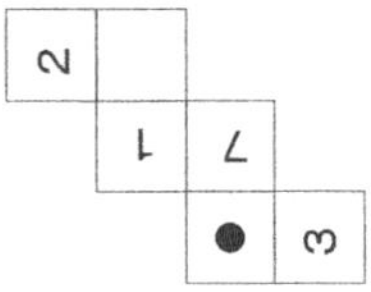

〔エの展開図〕

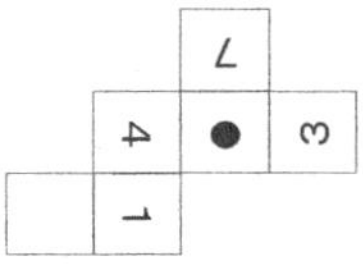

2 〔問題１〕図１より，主ばつに適した林齢は，50 年以上であることが分かる。図２の 2017 年の林齢構成をみると，主ばつに適した林齢 50 年を経過した人工林の面積は大きいが，林齢 30 年よりもわかい人工林の面積は小さい。1976 年，1995 年，2017 年の変化から，林齢 50 年以上の人工林が主ばつされると，しょう来，主ばつに適した人工林は少なくなっていくことが予想される。よって，利用することのできる木材の量が減ることが課題である。
〔問題２〕（図３と図４を選んだときの例文）図３のように商品を生産する立場の人たちが，間ばつ材を使った商品を開発したり，利用方法を考えたりすることで，さまざまな商品が生まれる。また，商品を買う立場の人たちも，図４のような間ばつ材を知ってもらう活動を通じて，間ばつや，間ばつ材を使った商品に関心をもつ。これらの活動から，商品を売ったり買ったりする機会が生まれ，間ばつ材の利用が促進される。

3 〔問題１〕(1)右図　(2)右図　理由…図６から，(え)は(あ)に対して，つつの右側のじ石の極は変わらないが，左側のじ石の極は反対である。図７のイより，鉄板に置く４個のじ石のうち，右側の２個のじ石の上側の極は変えずに，左側の２個のじ石の上側をＮ極からＳ極に変えるとよいから。
〔問題２〕(1)２　(2)大きい場合…②　理由…①はＡ方向がそろっていないので，Ｎ極とＳ極が引き合う部分と，Ｎ極どうしやＳ極どうしがしりぞけ合う部分がある。それに対して，②はＡ方向がそろっているので，ほとんどの部分でＮ極とＳ極が引き合う。そのため，①より②のほうが引き合う部分が大きいから。

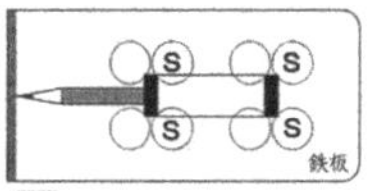

3〔問題１〕(1)の図

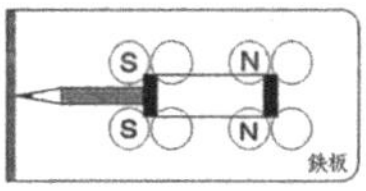

3〔問題１〕(2)の図

《解　説》

1　〔問題１〕　表内のどこであっても，横に並んだ３つの数を見てみると，左の数と真ん中の数の差と，右の数と真ん中の数の差が等しいので，３つの数の和は真ん中の数の３倍に等しくなる。よって，解答例のように説明できる。

〔問題２〕　九九の表にある数は，すべて１～９までの２つの整数の積になるので，ア～エのうち２つの立方体の数の積で１～９までの整数をすべて表せるような組み合わせを作り，その組み合わせが２組あれば，九九の表にあるすべての数を表せる(例えば，8×9＝72 を表す場合は，２つ立方体の数の積で８，残り２つの立方体の数の積で９を表せばよい)。１から７までの数を書くから，１から９までの数を，１から７までの積で表すと，

１＝１×１，２＝１×２，３＝１×３，４＝１×４＝２×２，５＝１×５，６＝１×６＝２×３，７＝１×７，８＝２×４，９＝３×３となる。

１＝１×１，９＝３×３を表したいので，２つの立方体両方に１と３を書く。８＝２×４を表したいので，２つの立方体について，一方に２，もう一方に４を書く。５＝１×５，７＝１×７を表したいので，２つの立方体について，一方に５，もう一方に７を書く。よって，２つの立方体に書く数は，(１，２，３，５)と(１，３，４，７)になるか，(１，２，３，７)と(１，３，４，５)になる(この２つの立方体の数の積で，２，３，４，６も表せる)。このような組み合わせの立方体を２組書けばよい。解答例は，アとエ，イとウの積で，１から９までの整数を作ることができる。

また，ア～エについて，「●」の面の辺と重なる辺は，右図の太線部分になるから，この太線の辺が上の辺となるように４つの数字を書けばよい。

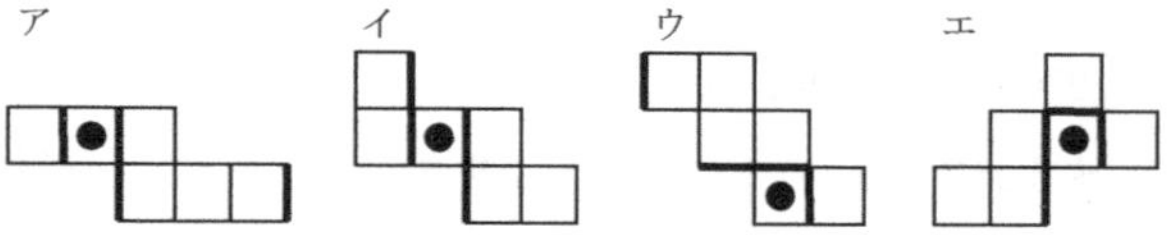

2　〔問題１〕　図１より，木材として利用するために林齢 50 年以上の木々を切っていること，図２より，人工林の高齢化が進んでおり，2017年では林齢50年以下の人工林は若くなるほど面積が小さくなっていることが読み取れる。また，花子さんが「人工林の総面積は，1995 年から 2017 年にかけて少し減っています」，先生が「都市化が進んでいることなどから，これ以上，人工林の面積を増やすことは難しい」と言っていることから，今後，人工林の面積はさらに減っていき，主ばつして利用できる木材の量が不足してしまうことが予測できる。

〔問題２〕　図の取り組みについて，会話中の言葉を手がかりにしよう。図３について，花子さんが「間ばつ材も，重要な木材資源として活用することが，資源の限られた日本にとって大切なこと」と言っている。図４について，太郎さんが「間ばつ材マークは…間ばつ材利用の重要性などを広く知ってもらうためにも利用される」と言っている。図５を選択する場合は，「図５のように実際に林業にたずさわる人たちが，高性能の林業機械を使ってばっ採したり，大型トラックで大量に木材を運んだりすることで，効率的に作業できる。」を，図３の間ばつ材を使った商品の開発や利用に関連付けてまとめるとよい。

3　〔問題１〕(1)　あのつつの磁石のＮ極の真下の鉄板には上側がＮ極の磁石を２個，Ｓ極の真下の鉄板には上側がＳ極の磁石を２個置く。解答例の他に，右図のように磁石を置いてもよい。　(2)　解答例の他に下図のように磁石を置いてもよい。

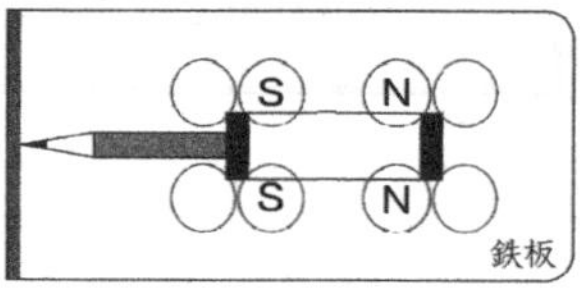

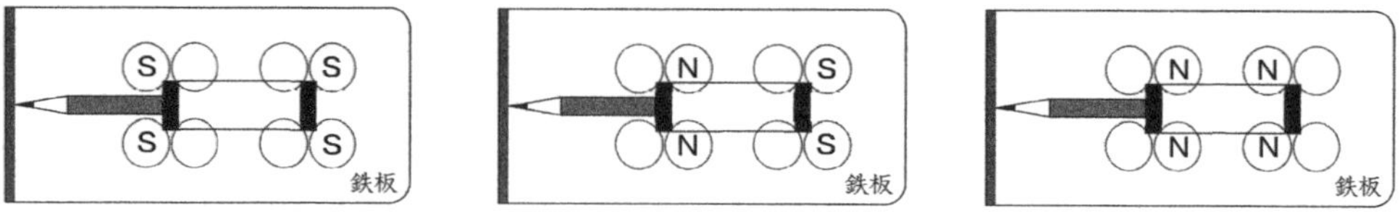

〔問題２〕⑴　表１のＡ方向が地面に平行なときの記録に着目する。１辺が１cm の正方形のシートの面積は１×１＝１(㎠)で，このときの記録は０個(０ｇ)，１辺が２cm の正方形のシートの面積は２×２＝４(㎠)で，このときの記録は２個(20ｇ)，１辺が３cm の正方形のシートの面積は３×３＝９(㎠)で，このときの記録は５個(50ｇ)である。１辺が３cm以下の正方形では，つりさげることができる最大の重さはシートの面積に比例するので，１辺が２cmの正方形のシートと比べると 20÷４＝５(ｇ)，１辺が３cm の正方形のシートと比べると 50÷９＝5.5…(ｇ)までつりさげることができる。したがって，１辺が１cm の正方形について，２ｇのおもりでの記録は２個と考えられる。

⑵　①(表２の１番下の記録)よりも②(表２の真ん中の記録)の方が記録が大きい。このように記録の大きさにちがいが出るのは，シートのＮ極とＳ極が図 10 のように並んでおり，２枚のシートのＡ方向がそろっていると，ほとんどの部分でＮ極とＳ極が引き合うが，２枚のシートのＡ方向がそろっていないと，引き合う部分としりぞけ合う部分ができるからである。なお，表２の１番上の記録よりも②の方が記録が大きいのは，②では，おもりをつけたシートが下にずれようとするとき，それぞれの極が，黒板に貼りつけたシートから上向きの引きつける力と上向きのしりぞける力を受けるためである。

《解答例》

1 〔問題1〕ヒレを立てたり広げたりしてウキに正対して静止し、最大限の情報を得ようとした。

〔問題2〕(1)ア　(2)前日までのウキと同じ形のためけいかいせず、色がことなることで好き心が続き、三十分間積極的につつくから。

〔問題3〕(例文)

私は紙の原料に興味をもった。紙を資源物として回収に出す際、新聞、ダンボール、雑誌・雑紙、紙パック等に分別する必要がある。なぜ種類ごとに分別するのか疑問に思ったことが、興味をもったきっかけだ。

インターネットで調べると、古紙は、品質や特ちょうに応じて異なる紙の原料になるため、分別する必要があるのだとわかった。たとえば、新聞は新聞用紙やコピー用紙に、雑誌は本やおかしの箱に、紙パックはトイレットペーパーに生まれ変わるという。

そこで私は、実際に再生紙を作ってみることにした。牛乳パックに水をしみこませ、フィルムをはがして小さくちぎる。ちぎったものと水をペットボトルに入れて、ドロドロになるまでふる。それをあみですいて、かわかす。すると、でこぼこだが味わいのある紙ができた。この経験によって、紙の再生についての理解が深まった。紙をリサイクルすれば、ごみを減らし、原料である木材の資源を守ることができる。また、ごみとして燃やすよりも、温室効果ガスのはい出を減らすことができる。このようなことを知ったおかげで、紙を種類ごとにきちんと分けて回収に出そうという意識が以前よりも高くなった。

《解　説》

1 **〔問題1〕**　「定位反応《ていいはんのう》」がどのようなものかを説明した，傍線部《ぼうせんぶ》の6～7段落前に着目する。「背《せ》ビレ，腹《はら》ビレ，尻《しり》ビレを立て，胸《むな》ビレ，尾《お》ビレを広げて水中で静止する。対象がはっきりしていれば，これに正対する」が「キンギョが取った行動」，「最大限の情報を得ようとする」が「その目的」にあたる。この内容をまとめよう。

〔問題2〕(1)　同じ形でちがう色のウキを使って確かめてみるということ。つまり，赤色のウキに「飽《あ》きちゃったってこと？」ということを確かめるために，6日目に「同じ形の青色のウキを浮《う》かべてみた」ときと，同じような反応が予想される。これにしたがう場合，「『お，いつものと似ているけど，色が違《ちが》うぞ。特に警戒《けいかい》するほどでもなさそうだが，じっくり調べてやるか』ということで，30分間頻繁《ひんぱん》につつき続ける(図　白三角)」という反応が予想される。よって，「図　白三角」(＝青1日目)と，直線のかたむき具合が同じで，最初から頻繁につついている(＝最初からウキつつき回数が多い)グラフを選ぶ。　(2)　(1)の解説を参照。「30分間頻繁につつき続ける」のは，筆者がこの実験で測ろうとしている「(サカナの)好奇心《こうきしん》」から。

〔問題3〕　ふと，「なぜだろう」「どうなっているんだろう」と，そぼくな疑問がわいたことがあるだろう。それについて実験してみたことはないだろうか。まずは自分ですぐにできる「本やインターネットなど」で調べ，それをふまえて実際にやってみたという経験である。身近にあるものや日常の出来事など，小さなことでよい。それが種となり科学的な関心が高まっていくかもしれないし，それが始まりとなって将来専門分野をきわめることになるかもしれないし，疑問を深めていくことで新たな何かを発見するかもしれない。本文の筆者が「それじゃあちゃんと測ってやろうじゃないの」と思ったような姿勢が大事なのである。知識だけで終わるよりも，自分でやってみることで，理解が深まっていく。実際にやってみたら，「本やインターネットなど」で調べたのと同じ結果が出ないかもしれない。その場合も，なぜちがったのかを考えれば，理解を深めることにつながるだろう。

南多摩中等教育学校　2020 令和2年度　適性検査Ⅱ

《解答例》

1 〔問題１〕①25　②10　③15　④10　〔問題２〕必要なパネルの台数…４　説明…横向きの画用紙は，パネル１面に最大で８枚はることができるので，１面に８枚ずつはると，４面で 32 枚はることができる。残りの６枚は，１面ではれるので，合わせて５面使う。縦向きの画用紙は，パネル１面に最大で９枚はることができるので，１面に９枚ずつはると，２面で 18 枚はることができる。残りの３枚は，１面ではれるので，合わせて３面使う。したがって，すべての画用紙をはるのに８面使うから，パネルは４台必要である。

〔問題３〕アに入る数…４　イに入る数…２　ウに入る数…３　エに入る数…２　オに入る数…４〔別解〕２

2 〔問題１〕選んだ図…図２　あなたの考え…2001 年度に国の制度が改められたことで，新しくバスの営業を開始しやすくなり，2000 年度ごろまでにみられた減少が止まり，2001 年度から 2015 年度にかけて実際に走行したきょりは，大きく減少することなく増加している。　〔問題２〕設計の工夫…出入口の高さ／固定ベルトの設置

期待されている役割…ベビーカーを利用する人にとって，出入口の高さが低くつくられていることと，車内に固定ベルトが設置されていることにより，乗りおりのときや乗車中に，ベビーカーを安全に利用できる。

〔問題３〕課題…バス以外の自動車で混み合う道路がうまれる可能性がある。　あなたの考え…時こく表に対するバスの運行状きょうが向上していることをせん伝して，バス以外の自動車を使う人にバスを利用してもらい，混み合う道路が少なくなるように働きかける。

3 〔問題１〕選んだプロペラ…Ａ　示す値のちがい…13.3　〔問題２〕⑴モーター…ウ　プロペラ…Ｈ

⑵選んだ予想…①　予想が正しくなる場合…ありません　理由…Ｅ，Ｆ，Ｇ，Ｈのどのプロペラのときでも，アとイのモーターの結果を比べると，アのモーターの方が軽いのに，かかった時間が長くなっているから。

〔問題３〕⑴×　⑵車が前に動く条件は，(あ)が 50° から 80° までのときで，さらに，(あ)と(い)の和が 100° か 110° のときである。

《解　説》

1 **〔問題１〕**　パネルの横の長さは 1.4ｍ＝140 cm，画用紙の横の長さが 40 cmだから，140÷40＝３余り 20 より，横にはれる枚数は最大で３枚である。また，パネルの縦の長さは２ｍ＝200 cm，画用紙の縦の長さが 50 cmだから，200÷50＝４より，長さ③と④が０cmのとき，縦に４枚はれるが，長さ③と④はそれぞれ５cm以上だから，縦にはれる枚数は最大で３枚である。したがって，６＝２×３より，画用紙のはり方は右図Ⅰ，Ⅱの２通り考えられる。

図Ⅰ

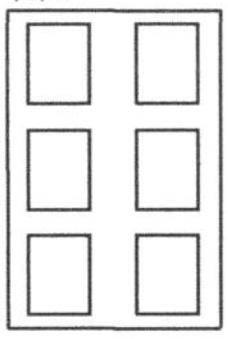

図Ⅱ

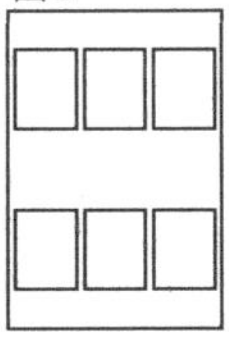

図Ⅰの場合について考える。横にならぶ画用紙の横の長さの和は，40×２＝80(cm)だから，長さ①と②の和は，140－80＝60(cm)である。例えば，長さ②を 10 cmとすると，長さ①は(60－10)÷２＝25(cm)となる。縦にならぶ画用紙の縦の長さの和は，50×３＝150(cm)だから，長さ③と④の和は，200－150＝50(cm)である。例えば，長さ④を 10 cmとすると，長さ③は(50－10×２)÷２＝15(cm)となる。また，他の長さ①と②，長さ③と④の組み合わせは右表のようになる。

図Ⅰの場合

長さ①	長さ②
5	50
10	40
15	30
20	20
25	10

長さ③	長さ④
5	20
10	15
15	10
20	5

(単位：cm)

同様に図Ⅱの場合も求めると，右表のような組み合わせが見つかる。

図Ⅱの場合

長さ①	長さ②
5	5

長さ③	長さ④
5	90
10	80
15	70
20	60
25	50
30	40
35	30
40	20
45	10

(単位：cm)

ただし，作品の見やすさを考えると，長さ①よりも長さ②の方がかなり長い，または，長さ③よりも長さ④の方がかなり長いはり方は，しない方がよいであろう。

〔問題２〕　横向きの画用紙は，140÷50＝２余り 40 より，横に２枚はって，長さ①と②の和が 40 cmとなればよい。このとき長さ②は１か所だから，長さ①＝10 cm，長さ②＝20 cmなどが考えられる。したがって，横には最大で２枚はれる。また，横向きの画用紙は，200÷40＝５より，縦に４枚はって，長さ③と④の和が 40 cmとなればよい。このとき長さ③は３か所だから，長さ③＝10 cm，長さ④＝５cmとできる。したがって，縦には最大で４枚はれる。よって，パネルの１面に横向きの画用紙は，最大で４×２＝８(枚)はれる。38÷８＝４余り６より，横向きの画用紙を全部はるのに，４＋１＝５(面)必要となる。

縦向きの画用紙は，〔問題１〕の解説より，パネルの１面に最大で３×３＝９(枚)はれるとわかる。21÷９＝２余り３より，縦向きの画用紙を全部はるのに，２＋１＝３(面)必要となる。

パネル１台に２面ずつあるから，求める必要なパネルの台数は，（５＋３）÷２＝４(台)である。

〔問題３〕　〔ルール〕の(3)について，サイコロで出た目の数に 20 を足して，その数を４で割ったときの余りの数を求めるが，20 は４の倍数だから，サイコロの目に 20 を足して４で割っても，サイコロの目の数を４で割っても余りの数は同じになる。

先生のサイコロの目は，１，２，５，１だから，進んだ竹ひごの数は，５÷４＝１余り１より，１，２，１，１である。したがって，**あ→え→う→い→う**となり，**い**でゲームが終わる。よって，先生の得点は，１＋２＋１＝ア4(点)となる。

サイコロを４回ふってゲームが終わるのは，４回目に**か**に着くか，４回目に一度通った玉にもどる目が出たときである。このことから，１回目に**い**，**う**，**え**，**お**のいずれかに進んだあとは，**い**，**う**，**え**，**お**のならびを時計周りか反時計回りに２つ進んだあとに，**か**に進むかまたは一度通った玉にもどる目が出たとわかる。したがって，１回目に進む玉で場合を分けて調べていき，３回目に進んだときの得点を求め，それが７点ならば，そこから一度通った玉にもどる目が出ることで条件に合う進み方になり，７点ではなくても，そこから**か**に進むことで７点になれば，条件に合う進み方になる。

例えば，１回目に**い**に進んだ場合，３回目までは**あ→い→う→え**の３＋１＋２＝６(点)か**あ→い→お→え**の３＋０＋３＝６(点)となるが，ここから**か**に進んでも６＋０＝６(点)にしかならない。このため，この場合は条件に合わないとわかる。

このように１つ１つ調べていってもよいが，得点が７点であることから，１回進むごとに２点か３点ずつ増えたのではないかと，あたりをつけることもできる。このように考えると，１回目は**い**か**お**に進んだと推測できる。

いはすでに条件に合わないことがわかったので，**お**に進んだ場合を調べると，**あ→お→え→う**で得点が２＋３＋２＝７(点)になるとわかる。このあと，**あかえ**にもどる目が出ればよいので，サイコロの目はイ2，ウ3，エ2，オ4(オは２でもよい)となればよい。

なお，サイコロの目の数が６のときも，４で割った余りの数は２だから，２は６でもよい。

2　**〔問題１〕**　解答例の「新しくバスの営業を開始しやすくなり」は「新たな路線を開設しやすくなり」でも良い。図２より，実際に走行したきょりは，2001 年度が約 292500 万km，2015 年度が約 314000 万kmだから，20000 万km以上増加していることがわかる。そのことを，表１の 2001 年度の「バスの営業を新たに開始したり，新たな路線を開設したりしやすくするなど，国の制度が改められた」と関連付ける。また，図１を選んだ場合は，解答例の「実際に走行したきょり」を「合計台数」に変えれば良い。

〔問題２〕　解答例のほか，設計の工夫に「手すりの素材」「ゆかの素材」を選び，共通する役割に「足腰の弱った高齢者にとって，手すりやゆかがすべりにくい素材となっていることにより，乗りおりのときや車内を移動するときに，スムーズに歩くことができる。」としたり，設計の工夫に「車いすスペースの設置」「降車ボタンの位置」を選び，共通する役割に「車いすを利用する人にとって，車内に車いすスペースが設置されていることと，降車ボタンが低くつくられていることにより，乗車中やおりるときに，車いすでも利用しやすくなる。」としたりすることもできる。

〔問題３〕　課題について，先生が「乗合バスが接近してきたときには，（一般の自動車が）『バス優先』と書かれた車線から出て，道をゆずらなければいけない」と言っていることから，バス以外の自動車による交通渋滞が発生する恐れがあると導ける。解決について，図６で，運用１か月後の平均運行時間が運用前よりも２分近く短縮されたこと，図７で，運用１か月後の所要時間短縮の成功率が運用前よりも 30％近く高くなったことを読み取り，このような運行状況の向上を宣伝することで，交通手段としてバスを選ぶ人を増やし，渋滞を回避するといった方法を導く。

3　〔問題１〕　A．123.5－(54.1＋48.6＋7.5)＝13.3(g)　B．123.2－(54.1＋48.6＋2.7)＝17.8(g)
C．120.9－(54.1＋48.6＋3.3)＝14.9(g)　D．111.8－(54.1＋48.6＋4.2)＝4.9(g)

〔問題２〕(1)　表５で，５m地点から 10m地点まで(同じきょりを)走りぬけるのにかかった時間が短いときほど車の模型が速く走ったと考えればよい。　(2)　①…モーターはアが最も軽いが，プロペラがＥとＦのときにはイ，プロペラがＧのときにはイとウ，プロペラがＨのときにはウが最も速く走ったので，予想が正しくなる場合はない。
②…プロペラの中心から羽根のはしまでの長さは長い順にＨ，Ｇ，Ｆ，Ｅで，これはモーターがウのときの速く走った順と同じだから，予想が正しくなる場合がある。

〔問題３〕(1)　(あ)が 60°で，(あ)と(い)の和が 70°になるのは，(い)が 70－60＝10(°)のときである。したがって，表６で，(あ)が 60°，(い)が 10°のときの結果に着目すると，×が当てはまる。　(2)　(1)のように考えて表７に記号を当てはめると，右表のようになる。車が前に動くのは記号が○のときだけだから，○になるときの条件をまとめればよい。

		(あ)と(い)の和					
		60°	70°	80°	90°	100°	110°
(あ)	20°	×	×	×	×		
	30°	×	×	×	×	×	
	40°	×	×	×	△	△	△
	50°	×	×	×	△	○	○
	60°		×	×	△	○	○
	70°			×	△	○	○
	80°				△	○	○

《解答例》

1 〔問題１〕何がほんとうか、何がうそかを自分で判断する。

〔問題２〕本では分からないふんいきが直接伝わってくるから。

〔問題３〕（例文）

なぜ「本を読むことは、自分の考えかたを育てること」になるのかというと、本を読むと、世の中にはいろいろな考えかたがあるということを知ることができるからだ。また、「自分で考える」ということも「本を読む」ということも、受け身ではなく、前向きの姿勢であることが共通しているため、自分で考えるために必要な訓練になるからだ。

本を読むこと以外で「自分の考えかたを育てる」には、どうしたらよいか、自分の体験をもとにして考えたことは、他者との関わりの中で、失敗や成功をくり返す経験を積むことが必要だということだ。私はミニバスケットボールクラブに入っているので、家族以外の大人や上級生、下級生など、はば広く多くの人と関わりをもっている。多くの人と関わると、人それぞれに考えかたがちがい、いろいろな考えかたがあることを知ることができる。また、失敗や成功をくり返すことで、自分の考えかたや判断が、適切だったのかを、別の視点から見つめ直すことができる。

私はこれからも、自分で考え、判断し、行動できる大人になれるように、前向きの姿勢で日々努力していきたいと思う。

《解　説》

1 **〔問題１〕**　「自分の意見はなく、ただただ人のいうことを本気にするだけというのは良くない」と言っているから、「自分で考える」ことが大事だということ。――線⑴の前後で、「人の意見にまどわされないようにするためには～人がどうであろうと、自分はあわてない、という堂々とした考えかたが必要」「『自分で考える』こと～自分でやろうという気持ちが大事だ」「自分の考えで責任を持ってものごとに取りくめば」「自分で考え、判断することの中から、これはほんとう、これは嘘《うそ》、とものごとを見極《みきわ》めていけるようになりたい」と述べているのも参照。これらの内容からも、筆者が「自分で考える」ことの大切さを説明していることがわかる。では、テレビや新聞の情報に対して「自分で考える」とはどういうことか。それは、情報をうのみにせず、下線部のように、それが正しいかどうかを自分で判断するということ。

〔問題２〕　――線⑵のある段落の直前の段落で「デカルトは、あらゆる本を読みつくしたあと、旅に出ました。実際に世の中に入って～学びとっていこうとした」「安藤忠雄《あんどうただお》さんもたくさんの本を読みおえ、旅に出ています。そして～実際のものから勉強をする」という例をあげている。それらと同じように、筆者も「本を読むのと同時に、旅に出るといいと思っています」と言って、「実際」に見ることの大切さを語っている。筆者自身の体験が書かれた、――線⑵の直後からの内容に着目しよう。５段落後で「むしろ画集（＝本）の方が～といわれるけれど、ほんものの絵を見ると～見えてきたり、画集ではわからない雰囲気《ふんいき》が、直接伝わってきたりします」と、本ではわからない、実際に見ることの良さについて述べている。これが、筆者が「実際に見にいったらいいと思う」理由。下線部を用いてまとめよう。

〔問題３〕　本を読むことが自分の考えかたを育てることになる理由は、――線⑶の直前の「『本を読む』ことと、

『自分で考える』ことはつながっている」といえる理由と同じである。「『本を読む』こと」をすると、どのように「『自分で考える』こと」になるというのか。それは、「『本を読む』ということは、文字で書かれた場面や時間の経過を、自分自身でつかんでいくこと」「本は、ひとつの道を自分でたどりながら読み、内容が理解できていく、そのことがおもしろい」と書かれているとおりである。つまり、テレビのように「あまり考えないでも楽にわかる」というものではなく、本は「『自分で読む』ということをしなければ『おもしろさ』がわかりません」「こちらから積極的に働きかけなければ、何もしてくれない」ものだから、「『自分で考える』こと」をしなければならない、つまり、「自分の考えかたを育てること」になるのだ。では、本を読むこと以外で「自分の考えかたを育てる」にはどうすればよいか。ポイントは、本文で読んだとおり、受け身ではなく自分で考えてものごとに取りくむこと。これまでに、自分で考えたからこそ本当の意味で身についたという経験、自分で実際にやってみたからこそ気づいたり感じたりすることができた(＝やらなかったら気づけなかっただろう)という経験はないだろうか。そのように、自分から積極的に働きかけることによって何かを学んだ体験を思い出そう。

《解答例》

1 〔問題１〕

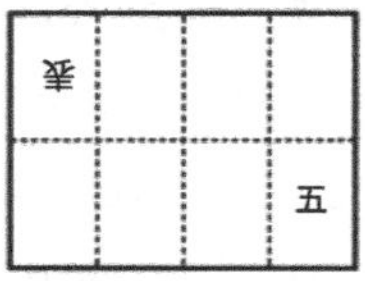

〔別解〕

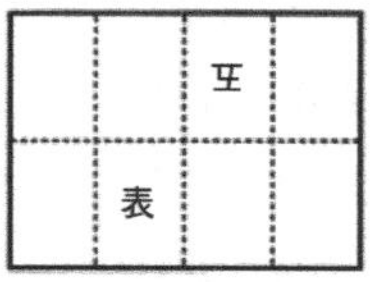

〔問題２〕約束２で表現したときの漢字と数字の合計の個数…44　漢字と数字の合計の個数が少ない約束…１

理由…このも様では、文字と数字でも様を表現するとき、列よりも行で表現したほうが、同じ色がより多く連続するため。

〔問題３〕「★」の位置に置くおもちゃの向き…

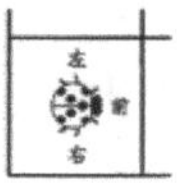

カードの並べ方…①②⑤④①②⑤①③①

〔別解〕「★」の位置に置くおもちゃの向き…

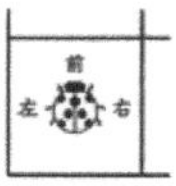

カードの並べ方…①③①②⑤①④②⑤①

2 〔問題１〕(あ)日本人の出国者数も、外国人の入国者数も大きな変化がない　(い)２　(う)日本人の出国者数は大きな変化がないが、外国人の入国者数は増加した　(え)３

〔問題２〕選んだ地域…松本市　あなたの考え…多言語対応が不十分で外国人旅行者がこまっているので、多言語表記などのかん境整備をしているから。

〔問題３〕役割１…外国人旅行者にとって、日本語が分からなくても、どこに何があるかが分かるようなほ助となっている。　役割２…その場で案内用図記号を見て地図と照らし合わせることで、自分がどこにいるかが分かるようなほ助となっている。

3 〔問題１〕比べたい紙…プリント用の紙　基準にするもの…紙の面積　和紙は水を何倍吸うか…2.3

〔問題２〕選んだ紙…新聞紙　せんいの向き…Ｂ　理由…実験２の結果ではどちらの方向にも曲がっていないのでせんいの向きは判断できないが、実験３の結果より短ざくＢの方のたれ下がり方が小さいから、せんいの向きはＢ方向だと考えられる。

〔問題３〕⑴Ａ　⑵４回めのおもりの数が３回めより少ないので、なるべく紙がはがれにくくなるのりを作るために加える水の重さが、３回めの70ｇと４回めの100ｇの間にあると予想できるから。

《解　説》

1 **〔問題１〕**　図２のしおりの作り方より，しおりにする前の紙の真ん中の横の点線がしおりの上になるとすると，文字の向きは右図ｉのようになるとわかる。

右図ⅱの矢印で示したページを表紙とすると，１ページ目から，ＡＥＦＧＨＤＣＢとなるとわかるから，５ページ目はＨのページである。また，Ｆのページを表紙とすると，５ページ目はＣのページとなる。他に表紙にできるページはＨとＣのページがあり，それぞれ解答例の図を上下逆にしたものと同じになる。

図ｉ

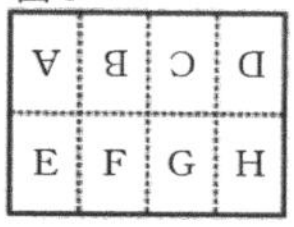

図ⅱ

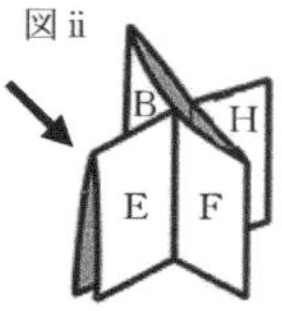

〔問題２〕　図９で表現された模様を図10に書きこむと，右図iiiのようになる。したがって，約束２で表現すると，右図ivのようになるから，漢字と数字の合計の個数は，
５＋９＋７＋５＋５＋５＋５＋３＝44(個)である。
図９より，約束１で表現すると，漢字と数字の合計の個数は，
２＋３＋３＋４＋４＋４＋３＋２＝25(個)だから，約束１を使ったほうが表現する漢字と数字の合計の個数は少なくなる。

図iii

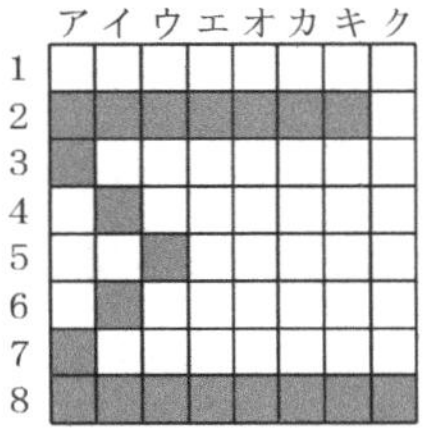

図iv

白	白	白	白	白	白	白	白
1	1	1	1	1	1	1	7
2	1	1	1	1	1	1	1
3	1	2	5	5	5	5	
2	1	1	1	1	1	1	
	1	2					
	1	1					
	1						
	1						

〔問題３〕　「え」を通り「お」まで行くときの最短の行き方は，それぞれ右表のようになる。
このときのカードの並べ方を考えると表のようになり，それぞれ10枚で行けるとわかる。

最初のおもちゃの向き	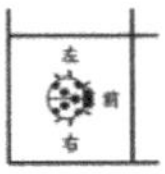	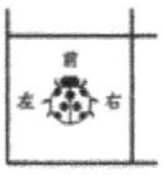
最短の行き方	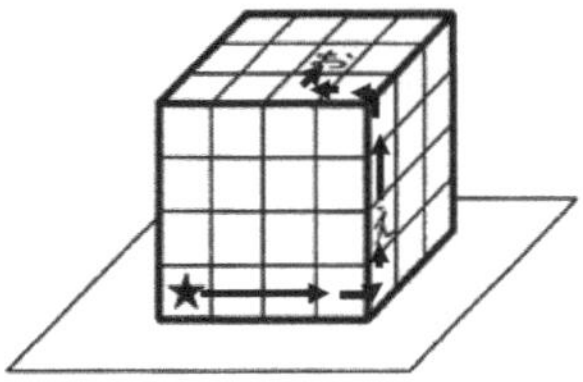	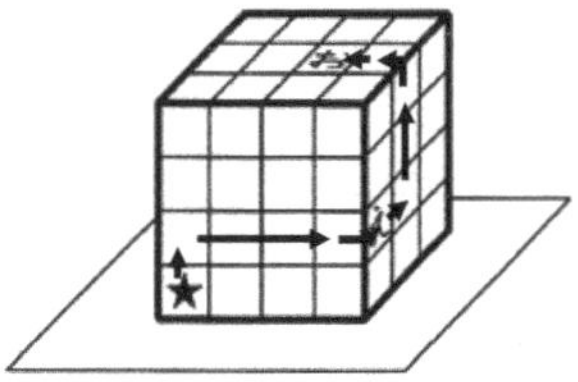
カードの並べ方	①②⑤④①②⑤①③①	①③①②⑤①④②⑤①

なお，①②が連続して並んでいるところは，②①の順番でもよい。

2　〔問題１〕(あ)　2006年から2012年までの間，日本人の出国者数は1600～1800万人前後，外国人の入国者数は700～900万人前後と大きな変化がない。　(い)　2012年は，日本人の出国者数が約1800万人，外国人の入国者数が約900万人なので，日本人の出国者数は外国人の入国者数の1800÷900＝２(倍)となる。　(う)(え)　2012年から2017年までの間，日本人の出国者数は1600～1800万人前後と大きな変化がない。一方で，外国人の入国者数は2012年が約900万人，2017年が約2700万人なので，2017年は2012年の2700÷900＝３(倍)増加している。

〔問題２〕　表３より，訪日外国人旅行者の受け入れ環境として不十分である点を読み取り，表２より，それぞれの地域ではその課題解決に向けてどんな取り組みをしているかを読み取る。解答例のほか，「高山市」を選んで，「コミュニケーションがとれなくて外国人旅行者がこまっているので，通訳案内士を養成しているから。」や，「白浜町」を選んで，「情報通信かん境が不十分で外国人旅行者がこまっているので，観光情報サイトをじゅう実させているから。」なども良い。

〔問題３〕　図７のマーク(ピクトグラム)が，日本を訪れる外国人に向けて，言葉が書かれていなくても絵で意味することがわかるようになっていることに着目しよう。ピクトグラムは，日本語のわからない人でもひと目見て何を表現しているのかわかるため，年齢や国の違いを越えた情報手段として活用されている。解答例のほか，「外国人旅行者にとって，日本語が分からなくても，撮影禁止や立入禁止などのルールが分かるようなほ助となっている。」なども良い。

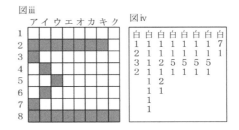

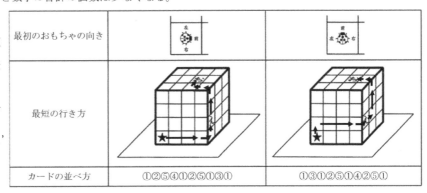

3 〔問題１〕 解答例のように，プリント用の紙で，紙の面積を基準にしたときは，面積１㎠あたりで吸う水の重さを比べればよい。和紙では $0.8\div40=\frac{0.8}{40}$（g），プリント用の紙では $0.7\div80=\frac{0.7}{80}$（g）だから，和紙はプリント用の紙より水を $\frac{0.8}{40}\div\frac{0.7}{80}=2.28\cdots\rightarrow2.3$ 倍吸うと考えられる。また，プリント用の紙で，紙の重さを基準にしたときには，重さ１ｇあたりで吸う水の重さを比べればよい。和紙では0.8÷0.2＝４（g），プリント用の紙では0.7÷0.5＝1.4（g）だから，和紙はプリント用の紙より水を４÷1.4＝2.85…→2.9 倍吸うと考えられる。同様に考えると，新聞紙では，面積を基準にしたときには 1.9 倍，重さを基準にしたときには 1.5 倍となり，工作用紙では，面積を基準にしたときには0.5倍，重さを基準にしたときには3.2倍となる。

〔問題２〕 紙には，せんいの向きに沿って長く切られた短冊の方が垂れ下がりにくくなる性質があるから，図５で，短冊Ｂの方が垂れ下がりにくいことがわかる新聞紙のせんいの向きはＢ方向である。同様に考えれば，プリント用の紙のせんいの向きはＡ方向である。また，水にぬらしたときに曲がらない方向がせんいの向きだから，図３より，せんいの向きは，プリント用の紙はＡ方向，工作用紙はＢ方向である。どの紙について答えるときも，実験２の結果と実験３の結果のそれぞれについてふれなければいけないことに注意しよう。

〔問題３〕 表２では，加える水の重さが重いほどおもりの数が多くなっているので，４回めに加える水の重さを100ｇにしたとき，おもりの数が 53 個より多くなるのか少なくなるのかを調べ，多くなるようであれば５回めに加える水の重さを 100ｇより重くし，少なくなるようであれば５回目に加える水の重さを 70ｇと 100ｇの間にして実験を行えばよい。したがって，⑴はＡかＤのどちらかを選び，Ｄを選んだときには，⑵の理由を「４回めのおもりの数が３回目より多いので，なるべく紙がはがれにくくなるのりを作るために加える水の重さが４回めの 100ｇより重いと予想できるから。」などとすればよい。

■ ご使用にあたってのお願い・ご注意

（1）問題文等の非掲載

著作権上の都合により，問題文や図表などの一部を掲載できない場合があります。

誠に申し訳ございませんが，ご了承くださいますようお願いいたします。

（2）過去問における時事性

過去問題集は，学習指導要領の改訂や社会状況の変化，新たな発見などにより，現在とは異なる表記や解説になっている場合があります。過去問の特性上，出題当時のままで出版していますので，あらかじめご了承ください。

（3）配点

学校等から配点が公表されている場合は，記載しています。公表されていない場合は，記載していません。

独自の予想配点は，出題者の意図と異なる場合があり，お客様が学習するうえで誤った判断をしてしまう恐れがあるため記載していません。

（4）無断複製等の禁止

購入された個人のお客様が，ご家庭でご自身またはご家族の学習のためにコピーをすることは可能ですが，それ以外の目的でコピー，スキャン，転載（ブログ，ＳＮＳなどでの公開を含みます）などをすることは法律により禁止されています。学校や学習塾などで，児童生徒のためにコピーをして使用することも法律により禁止されています。

ご不明な点や，違法な疑いのある行為を確認された場合は，弊社までご連絡ください。

（5）けがに注意

この問題集は針を外して使用します。針を外すときは，けがをしないように注意してください。また，表紙カバーや問題用紙の端で手指を傷つけないように十分注意してください。

（6）正誤

制作には万全を期しておりますが，万が一誤りなどがございましたら，弊社までご連絡ください。

なお，誤りが判明した場合は，弊社ウェブサイトの「ご購入者様のページ」に掲載しておりますので，そちらもご確認ください。

■ お問い合わせ

解答例，解説，印刷，製本など，問題集発行におけるすべての責任は弊社にあります。

ご不明な点がございましたら，弊社ウェブサイトの「お問い合わせ」フォームよりご連絡ください。迅速に対応いたしますが，営業日の都合で回答に数日を要する場合があります。

ご入力いただいたメールアドレス宛に自動返信メールをお送りしています。自動返信メールが届かない場合は，「よくある質問」の「メールの問い合わせに対し返信がありません。」の項目をご確認ください。

また弊社営業日（平日）は，午前９時から午後５時まで，電話でのお問い合わせも受け付けています。

2025春

株式会社教英出版

〒422-8054　静岡県静岡市駿河区南安倍３丁目 12-28

TEL　054-288-2131　　FAX　054-288-2133

URL　https://kyoei-syuppan.net/

MAIL　siteform@kyoei-syuppan.net

教英出版　2025年春受験用　中学入試問題集

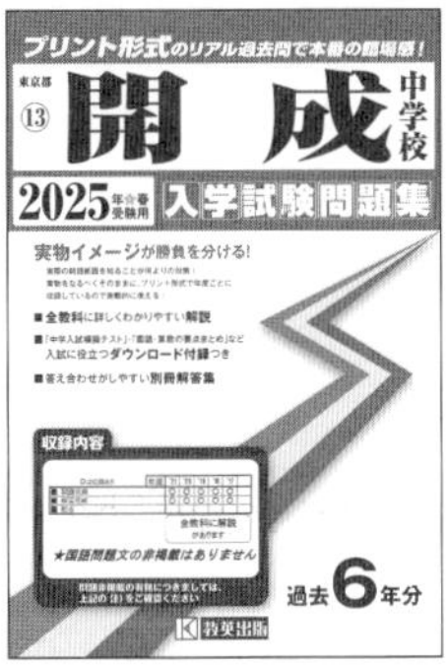

学校別問題集

✿はカラー問題対応

北海道

①[市立]札幌開成中等教育学校
②藤女子中学校
③北嶺中学校
④北星学園女子中学校
⑤札幌大谷中学校
⑥札幌光星中学校
⑦立命館慶祥中学校
⑧函館ラ・サール中学校

青森県

①[県立]三本木高等学校附属中学校

岩手県

①[県立]一関第一高等学校附属中学校

宮城県

①[県立]宮城県古川黎明中学校
②[県立]宮城県仙台二華中学校
③[市立]仙台青陵中等教育学校
④東北学院中学校
⑤仙台白百合学園中学校
⑥聖ウルスラ学院英智中学校
⑦宮城学院中学校
⑧秀光中学校
⑨古川学園中学校

秋田県

①[県立]
大館国際情報学院中学校
秋田南高等学校中等部
横手清陵学院中学校

山形県

①[県立]
東桜学館中学校
致道館中学校

福島県

①[県立]
会津学鳳中学校
ふたば未来学園中学校

茨城県

①[県立]
日立第一高等学校附属中学校
太田第一高等学校附属中学校
水戸第一高等学校附属中学校
鉾田第一高等学校附属中学校
鹿島高等学校附属中学校
土浦第一高等学校附属中学校
竜ヶ崎第一高等学校附属中学校
下館第一高等学校附属中学校
下妻第一高等学校附属中学校
水海道第一高等学校附属中学校
勝田中等教育学校
並木中等教育学校
古河中等教育学校

栃木県

①[県立]
宇都宮東高等学校附属中学校
佐野高等学校附属中学校
矢板東高等学校附属中学校

群馬県

①
[県立]中央中等教育学校
[市立]四ツ葉学園中等教育学校
[市立]太田中学校

埼玉県

①[県立]伊奈学園中学校
②[市立]浦和中学校
③[市立]大宮国際中等教育学校
④[市立]川口市立高等学校附属中学校

千葉県

①[県立]
千葉中学校
東葛飾中学校
②[市立]稲毛国際中等教育学校

東京都

①[国立]筑波大学附属駒場中学校
②[都立]白鷗高等学校附属中学校
③[都立]桜修館中等教育学校
④[都立]小石川中等教育学校
⑤[都立]両国高等学校附属中学校
⑥[都立]立川国際中等教育学校
⑦[都立]武蔵高等学校附属中学校
⑧[都立]大泉高等学校附属中学校
⑨[都立]富士高等学校附属中学校
⑩[都立]三鷹中等教育学校
⑪[都立]南多摩中等教育学校
⑫[区立]九段中等教育学校
⑬開成中学校
⑭麻布中学校
⑮桜蔭中学校
⑯女子学院中学校
✿⑰豊島岡女子学園中学校
⑱東京都市大学等々力中学校
⑲世田谷学園中学校
✿⑳広尾学園中学校(第2回)
✿㉑広尾学園中学校(医進・サイエンス回)
㉒渋谷教育学園渋谷中学校(第1回)
㉓渋谷教育学園渋谷中学校(第2回)
㉔東京農業大学第一高等学校中等部
(2月1日 午後)
㉕東京農業大学第一高等学校中等部
(2月2日 午後)

神奈川県

① [県立] 相模原中等教育学校
　　　　 平塚中等教育学校
② [市立]南高等学校附属中学校
③ [市立]横浜サイエンスフロンティア高等学校附属中学校
④ [市立]川崎高等学校附属中学校
✿⑤聖光学院中学校
✿⑥浅野中学校
⑦洗足学園中学校
⑧法政大学第二中学校
⑨逗子開成中学校（1次）
⑩逗子開成中学校（2·3次）
⑪神奈川大学附属中学校（第1回）
⑫神奈川大学附属中学校（第2·3回）
⑬栄光学園中学校
⑭フェリス女学院中学校

新潟県

① [県立] 村上中等教育学校
　　　　 柏崎翔洋中等教育学校
　　　　 燕中等教育学校
　　　　 津南中等教育学校
　　　　 直江津中等教育学校
　　　　 佐渡中等教育学校
② [市立]高志中等教育学校
③新潟第一中学校
④新潟明訓中学校

石川県

① [県立]金沢錦丘中学校
②星稜中学校

福井県

① [県立]高志中学校

山梨県

①山梨英和中学校
②山梨学院中学校
③駿台甲府中学校

長野県

① [県立] 屋代高等学校附属中学校
　　　　 諏訪清陵高等学校附属中学校
② [市立]長野中学校

岐阜県

①岐阜東中学校
②鶯谷中学校
③岐阜聖徳学園大学附属中学校

静岡県

① [国立]静岡大学教育学部附属中学校（静岡·島田·浜松）
② [県立]清水南高等学校中等部
　 [県立]浜松西高等学校中等部
　 [市立]沼津高等学校中等部
③不二聖心女子学院中学校
④日本大学三島中学校
⑤加藤学園暁秀中学校
⑥星陵中学校
⑦東海大学付属静岡翔洋高等学校中等部
⑧静岡サレジオ中学校
⑨静岡英和女学院中学校
⑩静岡雙葉中学校
⑪静岡聖光学院中学校
⑫静岡学園中学校
⑬静岡大成中学校
⑭城南静岡中学校
⑮静岡北中学校
⑯常葉大学附属常葉中学校
　常葉大学附属橘中学校
　常葉大学附属菊川中学校
⑰藤枝明誠中学校
⑱浜松開誠館中学校
⑲静岡県西遠女子学園中学校
⑳浜松日体中学校
㉑浜松学芸中学校

愛知県

① [国立]愛知教育大学附属名古屋中学校
②愛知淑徳中学校
③名古屋経済大学市邨中学校
　名古屋経済大学高蔵中学校
④金城学院中学校
⑤椙山女学園中学校
⑥東海中学校
⑦南山中学校男子部
⑧南山中学校女子部
⑨聖霊中学校
⑩滝中学校
⑪名古屋中学校
⑫大成中学校
⑬愛知中学校
⑭星城中学校
⑮名古屋葵大学中学校
（名古屋女子大学中学校）
⑯愛知工業大学名電中学校
⑰海陽中等教育学校（特別給費生）
⑱海陽中等教育学校（I·II）
⑲中部大学春日丘中学校
新刊⑳名古屋国際中学校

三重県

① [国立]三重大学教育学部附属中学校
②暁中学校
③海星中学校
④四日市メリノール学院中学校
⑤高田中学校
⑥セントヨゼフ女子学園中学校
⑦三重中学校
⑧皇學館中学校
⑨鈴鹿中等教育学校
⑩津田学園中学校

滋賀県

① [国立]滋賀大学教育学部附属中学校
② [県立] 河瀬中学校
　　　　 守山中学校
　　　　 水口東中学校

京都府

① [国立]京都教育大学附属桃山中学校
② [府立]洛北高等学校附属中学校
③ [府立]園部高等学校附属中学校
④ [府立]福知山高等学校附属中学校
⑤ [府立]南陽高等学校附属中学校
⑥ [市立]西京高等学校附属中学校
⑦同志社中学校
⑧洛星中学校
⑨洛南高等学校附属中学校
⑩立命館中学校
⑪同志社国際中学校
⑫同志社女子中学校（前期日程）
⑬同志社女子中学校（後期日程）

大阪府

① [国立]大阪教育大学附属天王寺中学校
② [国立]大阪教育大学附属平野中学校
③ [国立]大阪教育大学附属池田中学校

④[府立]富田林中学校
⑤[府立]咲くやこの花中学校
⑥[府立]水都国際中学校
⑦清風中学校
⑧高槻中学校（Ａ日程）
⑨高槻中学校（Ｂ日程）
⑩明星中学校
⑪大阪女学院中学校
⑫大谷中学校
⑬四天王寺中学校
⑭帝塚山学院中学校
⑮大阪国際中学校
⑯大阪桐蔭中学校
⑰開明中学校
⑱関西大学第一中学校
⑲近畿大学附属中学校
⑳金蘭千里中学校
㉑金光八尾中学校
㉒清風南海中学校
㉓帝塚山学院泉ヶ丘中学校
㉔同志社香里中学校
㉕初芝立命館中学校
㉖関西大学中等部
㉗大阪星光学院中学校

兵庫県

①[国立]神戸大学附属中等教育学校
②[県立]兵庫県立大学附属中学校
③雲雀丘学園中学校
④関西学院中学部
⑤神戸女学院中学部
⑥甲陽学院中学校
⑦甲南中学校
⑧甲南女子中学校
⑨灘中学校
⑩親和中学校
⑪神戸海星女子学院中学校
⑫滝川中学校
⑬啓明学院中学校
⑭三田学園中学校
⑮淳心学院中学校
⑯仁川学院中学校
⑰六甲学院中学校
⑱須磨学園中学校（第1回入試）
⑲須磨学園中学校（第2回入試）
⑳須磨学園中学校（第3回入試）
㉑白陵中学校
㉒夙川中学校

奈良県

①[国立]奈良女子大学附属中等教育学校
②[国立]奈良教育大学附属中学校
③[県立]
　国際中学校
　青翔中学校
④[市立]一条高等学校附属中学校
⑤帝塚山中学校
⑥東大寺学園中学校
⑦奈良学園中学校
⑧西大和学園中学校

和歌山県

①[県立]
　古佐田丘中学校
　向陽中学校
　桐蔭中学校
　日高高等学校附属中学校
　田辺中学校
②智辯学園和歌山中学校
③近畿大学附属和歌山中学校
④開智中学校

岡山県

①[県立]岡山操山中学校
②[県立]倉敷天城中学校
③[県立]岡山大安寺中等教育学校
④[県立]津山中学校
⑤岡山中学校
⑥清心中学校
⑦岡山白陵中学校
⑧金光学園中学校
⑨就実中学校
⑩岡山理科大学附属中学校
⑪山陽学園中学校

広島県

①[国立]広島大学附属中学校
②[国立]広島大学附属福山中学校
③[県立]広島中学校
④[県立]三次中学校
⑤[県立]広島叡智学園中学校
⑥[市立]広島中等教育学校
⑦[市立]福山中学校
⑧広島学院中学校
⑨広島女学院中学校
⑩修道中学校
⑪崇徳中学校
⑫比治山女子中学校
⑬福山暁の星女子中学校
⑭安田女子中学校
⑮広島なぎさ中学校
⑯広島城北中学校
⑰近畿大学附属広島中学校福山校
⑱盈進中学校
⑲如水館中学校
⑳ノートルダム清心中学校
㉑銀河学院中学校
㉒近畿大学附属広島中学校東広島校
㉓ＡＩＣＪ中学校
㉔広島国際学院中学校
㉕広島修道大学ひろしま協創中学校

山口県

①[県立]
　下関中等教育学校
　高森みどり中学校
②野田学園中学校

徳島県

①[県立]
　富岡東中学校
　川島中学校
　城ノ内中等教育学校
②徳島文理中学校

香川県

①大手前丸亀中学校
②香川誠陵中学校

愛媛県

①[県立]
　今治東中等教育学校
　松山西中等教育学校
②愛光中学校
③済美平成中等教育学校
④新田青雲中等教育学校

高知県

①[県立]
　安芸中学校
　高知国際中学校
　中村中学校

福岡県

①[国立]福岡教育大学附属中学校（福岡·小倉·久留米）
②[県立]
- 育徳館中学校
- 門司学園中学校
- 宗像中学校
- 嘉穂高等学校附属中学校
- 輝翔館中等教育学校

③西南学院中学校
④上智福岡中学校
⑤福岡女学院中学校
⑥福岡雙葉中学校
⑦照曜館中学校
⑧筑紫女学園中学校
⑨敬愛中学校
⑩久留米大学附設中学校
⑪飯塚日新館中学校
⑫明治学園中学校
⑬小倉日新館中学校
⑭久留米信愛中学校
⑮中村学園女子中学校
⑯福岡大学附属大濠中学校
⑰筑陽学園中学校
⑱九州国際大学付属中学校
⑲博多女子中学校
⑳東福岡自彊館中学校
㉑八女学院中学校

佐賀県

①[県立]
- 香楠中学校
- 致遠館中学校
- 唐津東中学校
- 武雄青陵中学校

②弘学館中学校
③東明館中学校
④佐賀清和中学校
⑤成穎中学校
⑥早稲田佐賀中学校

長崎県

①[県立]
- 長崎東中学校
- 佐世保北中学校
- 諫早高等学校附属中学校

②青雲中学校
③長崎南山中学校
④長崎日本大学中学校
⑤海星中学校

熊本県

①[県立]
- 玉名高等学校附属中学校
- 宇土中学校
- 八代中学校

②真和中学校
③九州学院中学校
④ルーテル学院中学校
⑤熊本信愛女学院中学校
⑥熊本マリスト学園中学校
⑦熊本学園大学付属中学校

大分県

①[県立]大分豊府中学校
②岩田中学校

宮崎県

①[県立]五ヶ瀬中等教育学校
②[県立]
- 宮崎西高等学校附属中学校
- 都城泉ヶ丘高等学校附属中学校

③宮崎日本大学中学校
④日向学院中学校
⑤宮崎第一中学校

鹿児島県

①[県立]楠隼中学校
②[市立]鹿児島玉龍中学校
③鹿児島修学館中学校
④ラ・サール中学校
⑤志學館中等部

沖縄県

①[県立]
- 与勝緑が丘中学校
- 開邦中学校
- 球陽中学校
- 名護高等学校附属桜中学校

もっと過去問シリーズ

北海道

北嶺中学校
7年分（算数・理科・社会）

静岡県

静岡大学教育学部附属中学校
（静岡·島田·浜松）
10年分（算数）

愛知県

愛知淑徳中学校
7年分（算数・理科・社会）
東海中学校
7年分（算数・理科・社会）
南山中学校男子部
7年分（算数・理科・社会）
南山中学校女子部
7年分（算数・理科・社会）
滝中学校
7年分（算数・理科・社会）
名古屋中学校
7年分（算数・理科・社会）

岡山県

岡山白陵中学校
7年分（算数・理科）

広島県

広島大学附属中学校
7年分（算数・理科・社会）
広島大学附属福山中学校
7年分（算数・理科・社会）
広島学院中学校
7年分（算数・理科・社会）
広島女学院中学校
7年分（算数・理科・社会）
修道中学校
7年分（算数・理科・社会）
ノートルダム清心中学校
7年分（算数・理科・社会）

愛媛県

愛光中学校
7年分（算数・理科・社会）

福岡県

福岡教育大学附属中学校
（福岡·小倉·久留米）
7年分（算数・理科・社会）
西南学院中学校
7年分（算数・理科・社会）
久留米大学附設中学校
7年分（算数・理科・社会）
福岡大学附属大濠中学校
7年分（算数・理科・社会）

佐賀県

早稲田佐賀中学校
7年分（算数・理科・社会）

長崎県

青雲中学校
7年分（算数・理科・社会）

鹿児島県

ラ·サール中学校
7年分（算数・理科・社会）

※もっと過去問シリーズは国語の収録はありません。

教英出版
〒422-8054
静岡県静岡市駿河区南安倍3丁目12-28
TEL 054-288-2131
FAX 054-288-2133
詳しくは教英出版で検索
教英出版　検索
URL https://kyoei-syuppan.net/

⑥

適性検査Ⅰ

注意

1　問題は **1** のみで、**6ページ**にわたって印刷してあります。
2　検査時間は**四十五分**で、終わりは**午前九時四十五分**です。
3　声を出して読んではいけません。
4　答えは全て解答用紙に明確に記入し、**解答用紙だけを提出しなさい。**
5　答えを直すときは、きれいに消してから、新しい答えを書きなさい。
6　**受検番号**を解答用紙の決められたらんに記入しなさい。

東京都立南多摩中等教育学校

1　次の **文章1** と **文章2** を読み、あとの問題に答えなさい。
（＊印のついている言葉には本文のあとに〈注〉があります。）

文章1

どうすれば、地動説は天動説を打ち負かすことができるのでしょうか。まずは地動説が正しい証拠《しょうこ》を見つけてこないといけません。そして地動説が正しいことを説明しないといけません。

この地動説が正しいという証拠を最初に見つけてきたのが、＊ヨハネス・ケプラーです。ケプラーは、彼《かれ》の師匠《ししょう》である＊ティコ・ブラーエが集めた大量の観測データをもちいて、「＊ケプラーの法則」を見つけ出すことに成功します。

ティコは、毎晩《まいばん》夜空を見上げては各惑星《わくせい》の場所を確認《かくにん》し、何年もかけてそれらの位置の変化を記録していました。つまり、地球から見て惑星がどういうふうに動いているか、というデータを大量に集めていたのです。

ケプラーはこのデータをじっくりと眺《なが》め、惑星たちの動きを説明しようとしたとき、太陽が真ん中にあってその周りを惑星たちが回っていると考えたほうがうまく説明できることに気づいたのです。

さらにケプラーの素晴《すば》らしいところは、惑星たちがきれいな円（正円）ではなく、楕円《だえん》で回っていることに気づいたことです。楕円であれば、ティコが集めた惑星の動きのデータを完璧《かんぺき》に説明できることがわかったのです。

こうしてケプラーの大発見により、地動説に対する観測的な証拠が出されました。地動説を信じるにはもうこれで十分だという気もするのですが、当時は私《わたし》たち人類が世界の中心にいないということを主張するのはやはり＊タブーだったようで、地動説はそれでもなお完全に受け入れられることはありませんでした。なぜ地球は太陽の周りを回っていなければならないのか、その理由がわからないために、最後の決め手を欠いていたのです。

こうした論争《ろんそう》に終止符《しゅうしふ》をうち、地動説が正しいということを決定的に示したのが、アイザック・ニュートンです。

ニュートンは「万有引力《ばんゆういんりょく》の法則」を発見したことで有名です。リンゴが木から落ちるのを見て、重力の法則を発見したといわれています。

万有引力の法則は、すべての物はすべての物と互《たが》いに引き合うということを示しています。つまり、リンゴは地球に引っ張られて落ちますし、天体同士も互いに重力で引っ張り合っているわけです。

ニュートンはこの万有引力の法則を使って、太陽と地球やその他の惑星の動きを計算しました。すると、ケプラーが観測データから導き出していた法則、つまり惑星は太陽の周りを楕円で運動しているという法則が、みごとに数学的に説明できるということがわかったのです。

ケプラーは、観測データを分析《ぶんせき》することで、太陽を中心にその周りを惑星が回っている状況証拠《じょうきょうしょうこ》をつかみました。一方ニュートンは、万有引力というこの世界の基本法則にのっとって、惑星の動きを数学的に証明したのです。これにより、観測的にも理論的《りろんてき》にも地動説が正しいということがはっきりしました。

人類はついに「自分たちが世界の中心である」という考え方を捨《す》てることになりました。世界の中心は太陽で、その周りを惑星が回っている。しかも地球は、太陽の周りに8個もある惑星のうちのひとつにすぎない。

これは天文学の歴史のなかで、非常に重要な出来事《できごと》でした。人類がはじめて、自分たちの存在《そんざい》を「相対化（そのものの見方や考え方が唯一《ゆいいつ》絶対のものでないと考えること）」したのです。人類は天文学を通じて、自分たちが「絶対的」な存在ではないということにはじめて気づき、世界観の大転換《だいてんかん》が行われることになったわけです。

その後、人類はこの宇宙《うちゅう》の理解をさらに深めていきます。もともとの地動説では、太陽を中心にしてその他の天体が回っているという理解でしたが、夜空を見上げると、太陽のように自分で光り輝《かがや》く星は太陽以外にも無数にあることがわかります。宇宙についての研究が進むにつれて、太陽は銀河という星の塊《かたまり》のなかにあるということ、太陽はそのなかのひとつにすぎないということがわかってきました。

私たちがいる銀河系《ぎんがけい》のなかに星は数千億個ほどあると考えられています。ですから太陽というのは数千億個ある星々《ほしぼし》の1個にすぎないわけです。また太陽は、銀河系の中心からだいぶ離《はな》れた端《はし》のほうにいることもわかっています。

ここでも私たちは再び自分たちのことを相対化することになります。つまり、太陽が中心だと思っていたけれど、実は、太陽ですら宇宙に無数にある星々のひとつにすぎないもので、しかも銀河の中心にいるわけでもない。さらに、もっと宇宙の観測が進んでいくと、星の塊である銀河というものも、宇宙には大量にあることがわかってきました。

これにより「銀河宇宙」という概念《がいねん》ができてきました。

いま私たちが観測できる範囲《はんい》のなかで銀河がどれくらいあるかというと、数千億個から数兆個もあるといわれています。無数にある銀河のなかの1個にすぎない銀河系のなかの端っこにある太陽という星の周りを回っている8個もある惑星のうちのひとつ。これが地球というわけです。

つまり天文学という学問は、私たちが特別な存在ではなく無数にあるもののうちの1個にすぎない、ということを次々《つぎつぎ》と明らかにしてきた学問だといえます。

その後さらに宇宙の観測は進み、いまでは銀河というものも集合をなしていて、銀河団というより大きな塊をつくっていることがわかってきました。また銀河団は宇宙のなかで網《あみ》の目状に分布していて、宇宙の大規模《だいきぼ》構造といわれる構造をつくっているということもわかってきました。

　こうして人類は、天文学という手法をもちいてどんどんその世界を広げてきたことがわかります。逆にいうと、我々《われわれ》は大きな世界のなかの非常に小さなものである、ということを明らかにしてきたのが、この天文学の歴史だといえるでしょう。

（佐々木貴教《ささきたかのり》「地球以外に生命を宿す天体はあるのだろうか？」
岩波ジュニアスタートブックス（一部改変）による）

〔注〕

ヨハネス・ケプラー ── ドイツ生まれの天文学者。

ティコ・ブラーエ ── デンマーク生まれの天文学者。

ケプラーの法則 ── ケプラーが惑星《わくせい》運動について発見した法則。

タブー ── 口に出して言ったり、やったりしてはいけないとされていること。

文章2

知覚や*情動と行動の絶えざる循環《じゅんかん》からなる体験の世界は、とりわけ「一人称《いちにんしょう》の世界」である。私《わたし》は「いま、ここ」にいて、そこから世界を感知し、世界に働きかける。たとえば、私はいま、公園の池のそばにいて、そこから美しい花を見つけ、その花に感動し、それに近づく。このように私のいる「いま、ここ」という特定の位置から、世界を知覚し、情動を抱《いだ》き、世界に働きかけることが、一人称の世界である。世界のなかで「いま、ここ」という位置を占《し》めて、そこから世界と交わる存在《そんざい》は「世界内存在」とよばれる。一人称の世界というのは、ようするに世界内存在として世界と交わることによって、自分に立ち現れてくる世界にほかならない。

これにたいして三人称《さんにんしょう》の世界は、自分を世界の外に置き、その外側の視点《してん》から*俯瞰的《ふかんてき》に眺《なが》めた世界である。それは「いま、ここからの眺め（the view from now and here）」ではなく、世界のどこにも視点を置かない「どこからでもない眺め（the view from nowhere）」である。「彼《かれ》は喫茶店《きっさてん》に行き、彼女《かのじょ》は図書館に行った」と語るとき、私は彼や彼女のいる世界から自分の身を切り離《はな》し、世界の外側の視点からただ世界を眺める。私は世界を*超越《ちょうえつ》しているので、世界に身体でもって働きかけることはできない。超越的視点から、世界を眺めるだけである。神なら、超越的視点からでも世界に働きかけることができるかもしれないが、人間はただ眺めるだけである。

「いま、ここからの眺め」という一人称の世界を超《こ》えて、「どこからでもない眺め」である三人称の世界を獲得《かくとく》できるのは、㋐人間のきわめてすぐれた能力である。それは一人称の*主観的世界を超えて三人称の*客観的世界を手にすることを意味する。しかし、私たち人間が三人称の客観的世界を獲得できるのは、あくまで一人称の主観的世界を基礎《きそ》にしてのことだ。世界のなかに身をおいて、「いま、ここ」から世界を眺め、それにもとづいて世界に働きかける。これができるようになると、つぎは「ここ」からではなく、かりに「あそこ」から世界を眺めると、世界がどう立ち現れるか、そしてそれにもとづいて世界にどう働きかけるかが想像できるようになる。「いま」についても、同様だ。こうして想像のなかで、どんな一人称的な視点からでも世界を眺めることができるようになる。これが三人称の客観的世界の獲得にほかならない。

このように三人称の客観的世界の獲得は、一人称の主観的世界を基盤《きばん》にしてなされる。しかも、三人称の客観的世界を手に入れても、世界に働きかけるためには、やはり一人称の主観的な世界が必要だ。㋑「いま、ここ」から世界を捉《とら》えてこそ、「いま、ここ」から世界に働きかけることができる。世界から身を切り離して、外側から世界を捉えているだけでは、「そこ」に椅子《いす》があり、「あそこ」に机《つくえ》があるといった一人称的な把握《はあく》ができない。そのため、その椅子に座《すわ》るとか、あの机に向かって行くとかいった行動を実行できない。身体でもって世界に働きかけるためには、世界のうちに身を置いて、一人称的に世界を把握しなければならない。＊傍観者《ぼうかんしゃ》のままでは、行動を起こせないのである。

（信原幸弘《のぶはらゆきひろ》『「覚える」と「わかる」知の仕組みとその可能性』

ちくまプリマー新書による）

〔注〕

情動――感情の動き。

俯瞰的《ふかんてき》――高いところから広く見わたすこと。

超越《ちょうえつ》――はるかにこえていること。

主観的――自分の考え方や見方をもとにして、ものごとを考えるようす。

客観的――自分の考え方にとらわれずに、ものごとを見たり考えたりするようす。

傍観者《ぼうかんしゃ》――そばで見ているだけで、何もしない人。

〔問題1〕 ㋐人間のきわめてすぐれた能力が、**文章1**においてどのように生かされたか、四十五字以内で説明しなさい。
なお、、や。や「なども、それぞれ字数に数え、一ますめから書き始めること。

〔問題2〕 ㋑「いま、ここ」から世界を捉《とら》えてこそ、「いま、ここ」から世界に働きかけることができる。とはどういうことか、**文章2**の具体例を用いて七十字以内で説明しなさい。ただし、「一人称《いちにんしょう》」（「一人しょう」）という言葉を必ず使うこと。
なお、、や。や「なども、それぞれ字数に数え、一ますめから書き始めること。

〔問題3〕 **文章1**と**文章2**の内容をふまえて、あなたは学校生活や日常生活のなかで、何を大事にし、どのように行動していこうと考えるか、三百字以上四百字以内で書きなさい。ただし、あとの**〔手順〕**と**〔きまり〕**にしたがうこと。

〔手順〕

1 **文章1**と**文章2**を読んで、わかったことを書く。
2 **〔手順〕**1で書いたことをふまえて、あなたが大事にすべきだと考えたことを、理由とともに書く。
3 **〔手順〕**1と2をふまえて、あなたは学校生活や日常生活のなかで、どのように行動していこうと考えるかを具体的に書く。

〔きまり〕

○題名は書きません。
○最初の行から書き始めます。
○各段落《かくだんらく》の最初の字は一字下げて書きます。
○行をかえるのは、段落をかえるときだけとします。
○、や。や」などもそれぞれ字数に数えます。これらの記号が行の先頭に来るときには、前の行の最後の字と同じますめに書きます。（ますめの下に書いてもかまいません。）
○。と」が続く場合には、同じますめに書いてもかまいません。この場合、。」で一字と数えます。
○段落をかえたときの残りのますめは、字数として数えます。
○最後の段落の残りのますめは、字数として数えません。

適性検査Ⅱ

注　　意

1　問題は **1** から **3** までで、１２ページにわたって印刷してあります。

2　検査時間は**４５分**で、終わりは**午前１１時００分**です。

3　声を出して読んではいけません。

4　計算が必要なときは、この問題用紙の余白を利用しなさい。

5　答えは全て解答用紙に明確に記入し、**解答用紙だけを提出しなさい。**

6　答えを直すときは、きれいに消してから、新しい答えを書きなさい。

7　**受検番号**を解答用紙の決められたらんに記入しなさい。

東京都立南多摩中等教育学校

問題は次のページからです。

1　運動会の得点係の**花子**さんと**太郎《たろう》**さんは、係活動の時間に得点板の準備をしています。

花　子：今年は新しい得点板を作ろうよ。

太　郎：私《わたし》もそう思っていたので用意してきたよ。ボード（**図1**）に棒状《ぼうじょう》のマグネット（**図2**）をつけて、数字を表すんだ。

花　子：ボードが３枚《まい》あれば、３けたまでの得点を表すことができるんだね。赤組と白組があるから、６枚のボードが必要だね。

図1　ボード

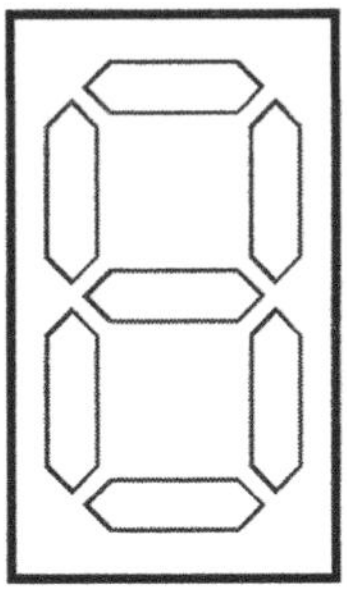

図2　棒状《ぼうじょう》のマグネット

太　郎：６枚のとう明でないボードは用意してあるから、ボードにつける棒状のマグネットを作ろうよ。

花　子：どのような作業が必要かな。

太　郎：マグネットシートに棒状のマグネットの型を「かく」作業と、かいたものを型どおりに「切る」作業の、２種類の作業が必要だよ。

花　子：先に「かく」作業から始めないといけないね。マグネットシート１枚から、棒状のマグネットは何個作れるのかな。

太　郎：１枚のマグネットシートからは、６個の棒状のマグネットが作れるんだよ。だから、マグネットシートを７枚用意したよ。

花　子：作業には、それぞれどのくらいの時間がかかるのかな。

太　郎：以前に試《ため》してみたことがあるけれど、私はマグネットシート１枚当たり「かく」作業に１０分、「切る」作業に５分かかったよ。

花　子：私は「かく」作業と「切る」作業に、それぞれどのくらいの時間がかかるかな。

太　郎：試してみようよ。どのくらいの時間がかかるのか、計ってあげるよ。

花子さんは１枚のマグネットシートから、６個の棒状のマグネットを作りました。

太　郎：**花子**さんは、「かく」作業も「切る」作業も、マグネットシート１枚当たりそれぞれ７分かかったよ。これで、二人の作業にかかる時間が分かったね。

花　子：二人で力を合わせて、棒状のマグネットを作ろうよ。作業をするときに注意することはあるかな。

太　郎：作業中のシートが混ざらないようにしたいね。

花　子：では、「かく」作業をするときも、「切る」作業をするときも、マグネットシート１枚分の作業を終わらせてから、次の作業をするようにしよう。

太　郎：それがいいね。でも、どちらかの人が「かく」作業を終えた１枚分のマグネットシートを、もう一方の人が「切る」作業をすることはいいことにしよう。

花　子：マグネットシートが残っている間は、休まずにやろう。

太　郎：マグネットシートは、あと６枚残っているよ。

花　子：６枚のマグネットシートを全て切り終えると、私の試した分と合わせて棒状のマグネットが４２個になるね。

太　郎：それだけあれば、十分だよね。次の係活動の時間に、６枚のマグネットシートを全て切り終えよう。

花　子：それまでに、作業の順番を考えておこうか。

太　郎：分担《ぶんたん》の仕方を工夫《くふう》して、できるだけ早く作業を終わらせたいよね。

花　子：係活動の時間が４５分間なので、時間内に終わるようにしたいね。

〔問題１〕　二人で6枚のマグネットシートを切り終えるのが４５分未満になるような作業の分担《ぶんたん》の仕方を考え、答え方の例のように、「かく」、「切る」、「→」を使って、解答らんに**太郎**《たろう》さんと**花子**さんの作業の順番をそれぞれ書きなさい。また、6枚のマグネットシートを切り終えるのにかかる時間を答えなさい。

　ただし、最初の作業は同時に始め、二人が行う「かく」または「切る」作業は連続して行うものとし、間は空けないものとします。二人が同時に作業を終えなくてもよく、それぞれが作業にかかる時間は常に一定であるものとします。

行った作業	答え方の例
１枚のマグネットシートに「かく」作業をした後に、型がかかれているマグネットシートを「切る」作業をする場合。	かく　→　切る
１枚のマグネットシートに「かく」作業をした後に、他の１枚のマグネットシートを「かく」作業をする場合。	かく　→　かく

太郎さんと**花子**さんは、次の係活動の時間で棒状のマグネットを作りました。そして、運動会の前日に、得点係の打ち合わせをしています。

太　郎：このマグネットで、０から９の数字を表すことができるよ。（**図３**）

図３　マグネットをつけて表す数字

花　子：マグネットは、つけたり取ったりすることができるから便利だね。１枚のボードを１８０度回して、別の数字を表すこともできそうだね。

太　郎：そうだよ。6のボードを１８０度回すと9になるんだ。ただし、マグネットをつけるボードはとう明ではないから、ボードを裏返《うらがえ》すと数字は見えなくなるよ。

花　子：そうなんだ。

太　郎：２枚のボードを入れかえて、違《ちが》う数字を表すこともできるよ。例えば、123の1と3のボードを入れかえて、321にすることだよ。（**図４**）

図４　ボードを入れかえる前と後

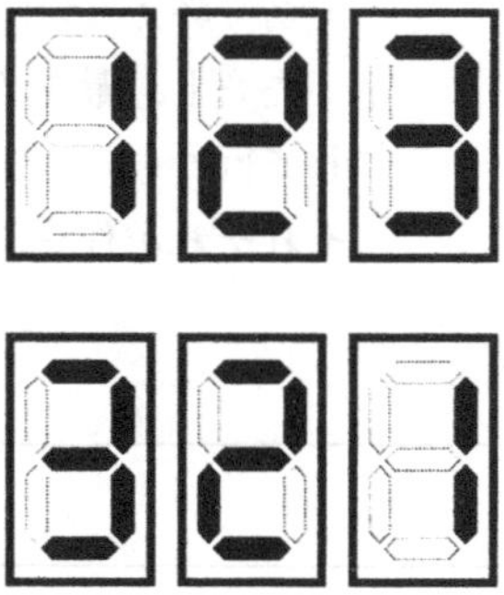

花　子：工夫をすると、短い時間で変えられそうだね。

太　郎：操作《そうさ》にかかる時間を計ってみようか。全部で操作は４種類あるから、操作に番号をつけるよ。

得点板の操作を一人で行ったときにかかる時間

操作１	１個のマグネットをつける	２秒
操作２	１個のマグネットを取る	２秒
操作３	１枚のボードを１８０度回す	３秒
操作４	２枚のボードを入れかえる	３秒

花　子：得点は、３けたまで必要だよね。短い時間で変えられるような、工夫の仕方を考えよう。

太　郎：では、私一人で得点板の数字を456から987にしてみるよ。何秒で、できるかな。

〔問題２〕　得点板の数字を456から987にする場合、最短で何秒かかるのか答えなさい。
また、答え方の例を参考にして、解答らんに元の数字と変えた数字をそれぞれ一つずつ書き、文章で説明しなさい。ただし、解答らんの全ての段《だん》を使用しなくても構いません。

操作《そうさ》 （かかる時間）	答え方の例
001を008にする場合 （１０秒）	〔　１　〕→〔　８　〕　１にマグネットを５個つける。
008を009にする場合 （２秒）	〔　８　〕→〔　９　〕　８からマグネットを１個取る。
004を005にする場合 （６秒）	〔　４　〕→〔　５　〕　４にマグネットを２個つけて１個取る。
016を019にする場合 （３秒）	〔　６　〕→〔　９　〕　６のボードを１８０度回す。
123を321にする場合 （３秒）	〔　１　〕→〔　３　〕　一の位と百の位のボードを入れかえる。 〔　３　〕→〔　１　〕 ※どちらの書き方でもよい。

2 　**花子**さんと**太郎**《たろう》さんは、休み時間に**先生**と交通手段《しゅだん》の選び方について話をしています。

花　子：家族と祖父母の家に行く計画を立てているときに、いくつか交通手段があることに気がつきました。

太　郎：主な交通手段といえば、鉄道やバス、航空機などがありますね。私《わたし》たちは、目的地までのきょりに応じて交通手段を選んでいると思います。

花　子：交通手段を選ぶ判断材料は、目的地までのきょりだけなのでしょうか。ほかにも、交通手段には、さまざまな選び方があるかもしれません。

先　生：よいところに気がつきましたね。実は、**太郎**さんが言ってくれた目的地までのきょりに加えて、乗りかえのしやすさなども、交通手段を選ぶときに参考にされています。

太　郎：人々《ひとびと》は、さまざまな要素から判断して交通手段を選んでいるのですね。

花　子：実際に移動するときに、人々がどのような交通手段を選んでいるのか気になります。同じ地域《ちいき》へ行くときに、異《こと》なる交通手段が選ばれている例はあるのでしょうか。

先　生：それでは例として、都道府県庁《とどうふけんちょう》のあるA、B、C、Dという地域について取り上げてみましょう。**図1**を見てください。これは、AからB、C、Dへの公共交通機関の利用割合《わりあい》を示したものです。

図1　AからB、C、Dへの公共交通機関の利用割合《わりあい》

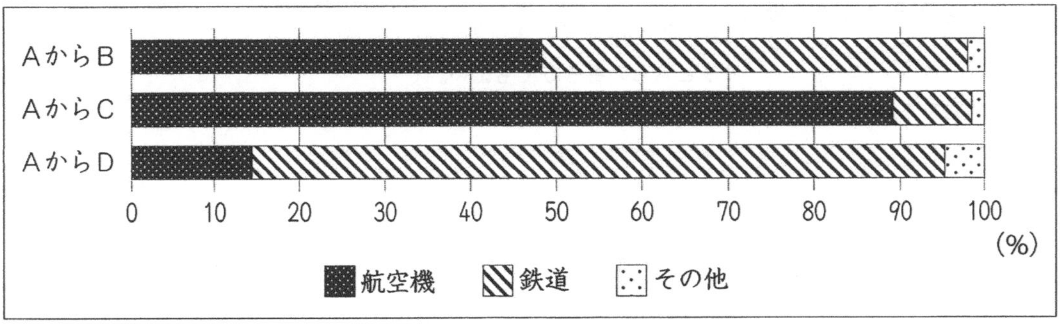

（第6回（２０１５年度）全国幹線旅客純 流動調査《ぜんこくかんせんりょかくじゅんりゅうどうちょうさ》より作成）

太　郎：**図1**を見ると、AからB、AからC、AからDのいずれも、公共交通機関の利用割合は、ほとんどが航空機と鉄道で占《し》められていますね。目的地によって、航空機と鉄道の利用割合が異なることは分かりますが、なぜこれほどはっきりとしたちがいが出るのでしょうか。

先　生：それには、交通手段ごとの所要時間が関係するかもしれませんね。航空機は、出発前に荷物の検査など、さまざまな手続きが必要なため、待ち時間が必要です。鉄道は、主に新幹線を使うと考えられます。新幹線は、荷物の検査など、さまざまな手続きが必要ないため、出発前の待ち時間がほとんど必要ありません。

花　子：そうなのですね。ほかにも、移動のために支はらう料金も交通手段を選ぶ際の判断材料になると思います。

1

解答用紙

適性検査 I

〔問題1〕20点

45 40 20

〔問題2〕20点

70 60 40 20

〔問題3〕60点

受検番号

得点
※

※のらんは、記入しないこと

※100点満点

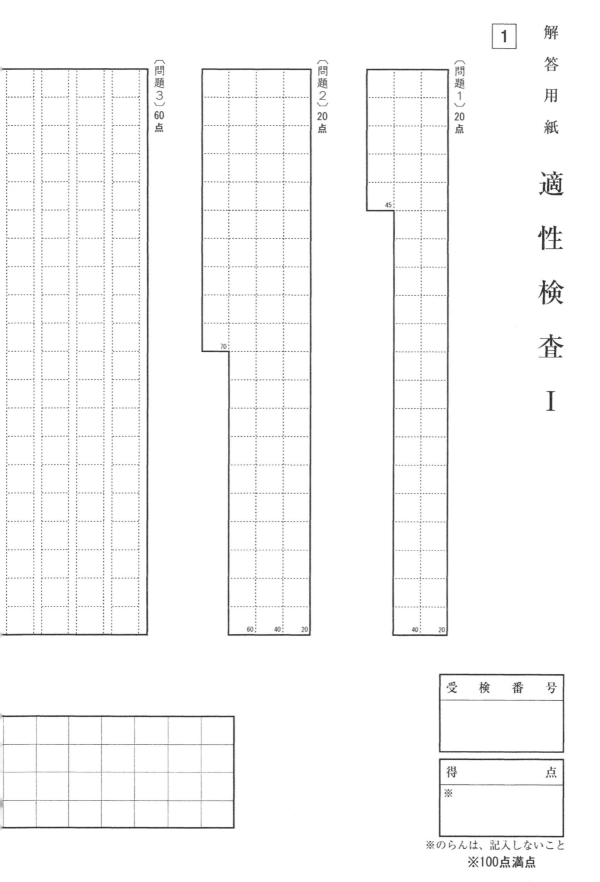

（6　南多摩）

解答用紙　適性検査Ⅱ

※100点満点

受検番号

得点
※

※のらんには何も書かないこと

1

〔問題１〕15点

〔太郎《たろう》さんの作業〕

〔花子さんの作業〕

〔６枚《まい》のマグネットシートを切り終えるのにかかる時間〕　（　　　　）分

※

〔問題２〕15点

〔得点板の数字を４５６から９８７にするのにかかる最短の時間〕（　　　　）秒
〔　　　〕→〔　　　〕
〔　　　〕→〔　　　〕
〔　　　〕→〔　　　〕
〔　　　〕→〔　　　〕
〔　　　〕→〔　　　〕

※

2

〔問題１〕15点

（選んだ一つを○で囲みなさい。）　ＡからＣ　　ＡからＤ

※

〔問題２〕15点

〔「ふれあいタクシー」の取り組みが必要になった理由〕
〔「ふれあいタクシー」導入の効果〕

※

3

〔問題１〕18点

※

〔問題２〕22点

〔組み合わせ〕

〔理由〕

※

400　　300　　200

この中には何も書かないこと

太　郎：図1のＡからＢ、Ｃ、Ｄへの移動について、具体的に調べてみたいですね。

花　子：それでは、出発地と到着地《とうちゃくち》をそれぞれの都道府県庁に設定して、Ａにある都道府県庁からＢ、Ｃ、Ｄにある都道府県庁まで、主に航空機と鉄道をそれぞれ使って移動した場合の所要時間と料金を調べてみましょう。

先　生：空港や鉄道の駅は、都道府県庁から最も近い空港や鉄道の駅を調べるとよいですよ。

花子さんと**太郎**さんは、インターネットを用いて、Ａにある都道府県庁からＢ、Ｃ、Ｄにある都道府県庁まで、主に航空機と鉄道をそれぞれ使って移動した場合の所要時間と料金を調べ、**表1**にまとめました。

表1　Ａにある都道府県庁《とどうふけんちょう》からＢ、Ｃ、Ｄにある都道府県庁まで、主に航空機と鉄道をそれぞれ使って移動した場合の所要時間と料金

	主な交通手段《こうつうしゅだん》	*所要時間	料金
Ａにある都道府県庁からＢにある都道府県庁	航空機	２時間５８分（１時間１５分）	２８６００円
	鉄道	４時間２６分（３時間１２分）	１８７４０円
Ａにある都道府県庁からＣにある都道府県庁	航空機	３時間７分（１時間３５分）	２４０７０円
	鉄道	６時間１分（４時間２８分）	２２９００円
Ａにある都道府県庁からＤにある都道府県庁	航空機	３時間１分（１時間５分）	２４４６０円
	鉄道	３時間４４分（２時間２１分）	１５７００円

*待ち時間をふくめたそれぞれの都道府県庁《とどうふけんちょう》間の移動にかかる所要時間。かっこ内は、「主な交通手段《こうつうしゅだん》」を利用している時間。

（第６回（２０１５年度）全国幹線旅客純流動調査《ぜんこくかんせんりょかくじゅんりゅうどうちょうさ》などより作成）

花　子：私たちは、交通手段の所要時間や料金といった判断材料を用いて、利用する交通手段を選んでいるのですね。

〔問題１〕　**花子**さんは「私たちは、交通手段の所要時間や料金といった判断材料を用いて、利用する交通手段を選んでいるのですね。」と言っています。**図１**中のＡからＣ、またはＡからＤのどちらかを選び、その選んだ公共交通機関の利用割合とＡからＢの公共交通機関の利用割合を比べ、選んだ公共交通機関の利用割合がなぜ**図１**のようになると考えられるかを**表１**と会話文を参考にして答えなさい。なお、解答用紙の決められた場所にどちらを選んだか分かるように○で囲みなさい。

太　郎：目的地までの所要時間や料金などから交通手段を選んでいることが分かりました。

花　子：そうですね。しかし、地域によっては、自由に交通手段を選ぶことが難《むずか》しい場合もあるのではないでしょうか。

先　生：どうしてそのように考えたのですか。

花　子：私の祖父母が暮《く》らしているE町では、路線バスの運行本数が減少しているという話を聞きました。

太　郎：なぜ生活に必要な路線バスの運行本数が減少してしまうのでしょうか。E町に関係がありそうな資料について調べてみましょう。

太郎さんと**花子**さんは、**先生**といっしょにインターネットを用いて、E町の路線バスの運行本数や人口推移《すいい》について調べ、**表2**、**図2**にまとめました。

表2　E町における路線バスの平日一日あたりの運行本数の推移《すいい》

年度	2011	2012	2013	2014	2015	2016	2017	2018	2019	2020	2021
運行本数	48	48	48	48	48	48	34	34	32	32	32

（令和２年地域公共交通網形成計画《ちいきこうきょうこうつうもうけいせいけいかく》などより作成）

図2　E町の人口推移《すいい》

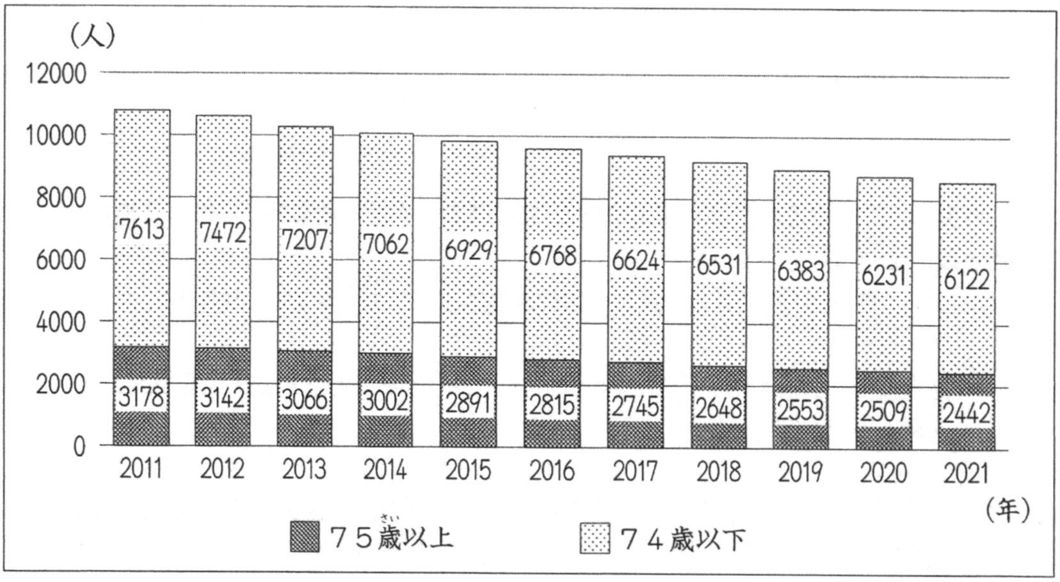

（住民基本台帳より作成）

花　子：**表２**、**図２**を読み取ると、E町の路線バスの運行本数や人口に変化があることが分かりますね。調べる中で、E町は「ふれあいタクシー」の取り組みを行っていることが分かりました。この取り組みについて、さらにくわしく調べてみましょう。

花子さんと**太郎**さんは、インターネットを用いて、E町の「ふれあいタクシー」の取り組みについて調べ、**図3**、**表3**にまとめました。

図3　E町の「ふれあいタクシー」の取り組みについてまとめた情報

補助《ほじょ》対象者・利用者	① ７５歳《さい》以上の人 ② ７５歳未満で運転免許証《うんてんめんきょしょう》を自主的に返納《へんのう》した人 ③ 妊婦《にんぷ》などの特別に町長が認《みと》めた人　　　　など
「ふれあいタクシー」の説明	自宅《じたく》から町内の目的地まで運んでくれる交通手段《しゅだん》であり、E町では２０１７年から導入された。利用するためには、利用者証の申請《しんせい》が必要である。２０２３年現在、町民一人あたり１か月に２０回以内の利用が可能で、一定額をこえたタクシー運賃《うんちん》を町が負担《ふたん》する。

（令和２年地域公共交通網形成計画《ちいきこうきょうこうつうもうけいせいけいかく》などより作成）

表3　E町の「ふれあいタクシー」利用者証新規交付数・*累計《るいけい》交付数の推移《すいい》

年度	2017	2018	2019	2020	2021
利用者証新規交付数	872	863	210	285	95
利用者証累計交付数	872	1735	1945	2230	2325

*累計《るいけい》：一つ一つ積み重ねた数の合計。

（令和２年地域公共交通網形成計画《ちいきこうきょうこうつうもうけいせいけいかく》などより作成）

先　生：興味深いですね。調べてみて、ほかに分かったことはありますか。

太　郎：はい。２０２１年においては、「ふれあいタクシー」の利用者証を持っている人のうち、９０％近くが７５歳《さい》以上の人で、全体の利用者も、９０％近くが７５歳以上です。利用者の主な目的は、病院や買い物に行くことです。また、利用者の９０％近くが「ふれあいタクシー」に満足しているという調査結果が公表されています。

花　子：「ふれあいタクシー」は、E町にとって重要な交通手段の一つになったのですね。

太　郎：そうですね。E町の「ふれあいタクシー」導入の効果について考えてみたいですね。

〔問題２〕　**太郎**さんは「E町の「ふれあいタクシー」導入の効果について考えてみたいですね。」と言っています。E町で「ふれあいタクシー」の取り組みが必要になった理由と、「ふれあいタクシー」導入の効果について、**表2**、**図2**、**図3**、**表3**、会話文から考えられることを説明しなさい。

3　**花子**さんと**太郎《たろう》**さんがまさつについて話をしています。

花　子：生活のなかで、すべりにくくする工夫《くふう》がされているものがあるね。

太　郎：**図１**のように、ペットボトルのキャップの表面に縦《たて》にみぞがついているものがあるよ。手でキャップを回すときにすべりにくくするためなのかな。

花　子：プラスチックの板を使って調べてみよう。

図１　ペットボトル

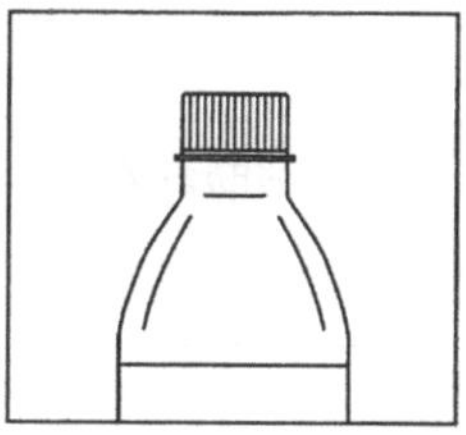

二人は、次のような**実験１**を行いました。

実験１

手順１　１辺が７ｃｍの正方形の平らなプラスチックの板を何枚《まい》か用意し、**図２**のようにそれぞれ糸をつける。

図２　手順１の板

手順２　机《つくえ》の上にフェルトの布を固定し、その上に正方形のプラスチックの板を置く。

手順３　プラスチックの板の上に７５０ｇの金属をのせる。

手順４　同じ重さのおもりをいくつか用意する。**図３**のように、糸の引く方向を変えるために机に表面がなめらかな金属の丸い棒《ぼう》を固定し、プラスチックの板につけた糸を棒の上に通して、糸のはしにおもりをぶら下げる。おもりの数を増やしていき、初めてプラスチックの板が動いたときのおもりの数を記録する。

図３　手順４の様子

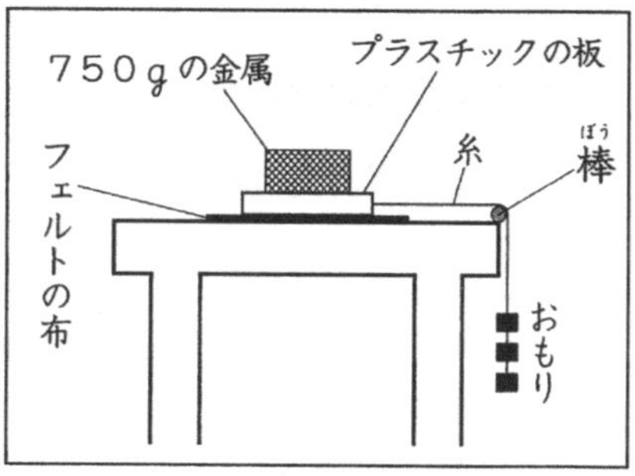

手順５　手順３の金属を１０００ｇの金属にかえて、手順４を行う。

手順６　**図４**のように、手順１で用意したプラスチックの板に、みぞをつける。みぞは、糸に対して垂直《すいちょく》な方向に０．５ｃｍごとにつけることとする。

図４　手順６の板

手順７　手順６で作ったプラスチックの板を、みぞをつけた面を下にして手順２～手順５を行い、記録する。

手順８　**図５**のように、手順１で用意したプラスチックの板に、みぞをつける。みぞは、糸に対して平行な方向に０．５ｃｍごとにつけることとする。

図５　手順８の板

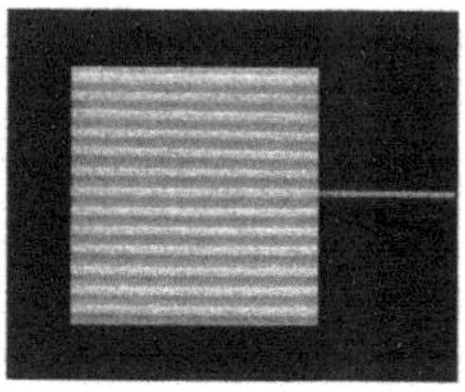

手順９　手順８で作ったプラスチックの板を、みぞをつけた面を下にして手順２～手順５を行い、記録する。

実験１の結果は、**表１**のようになりました。

表１　実験１の結果

	手順１の板	手順６の板	手順８の板
７５０ｇの金属をのせて調べたときのおもりの数（個）	１４	１９	１３
１０００ｇの金属をのせて調べたときのおもりの数（個）	１８	２５	１７

太　郎：手でペットボトルのキャップを回すときの様子を調べるために、机の上にフェルトの布を固定して実験したのだね。

花　子：ペットボトルのキャップを回すとき、手はキャップをつかみながら回しているよ。

〔問題１〕　手でつかむ力が大きいときでも小さいときでも、**図１**のように、表面のみぞの方向が回す方向に対して垂直《すいちょく》であるペットボトルのキャップは、すべりにくくなると考えられます。そう考えられる理由を、**実験１**の結果を使って説明しなさい。

太　郎：そりで同じ角度のしゃ面をすべり下りるとき、どのようなそりだと速くすべり下りることができるのかな。

花　子：しゃ面に接する面積が広いそりの方が速くすべり下りると思うよ。

太　郎：そうなのかな。重いそりの方が速くすべり下りると思うよ。

花　子：しゃ面に接する素材によっても速さがちがうと思うよ。

太　郎：ここにプラスチックの板と金属の板と工作用紙の板があるから、まず面積を同じにして調べてみよう。

二人は、次のような**実験２**を行いました。

実験２

手順１　**図６**のような長さが約１００ｃｍで上側が平らなアルミニウムでできたしゃ面を用意し、水平な机《つくえ》の上でしゃ面の最も高いところが机から約４０ｃｍの高さとなるように置く。

図６　しゃ面

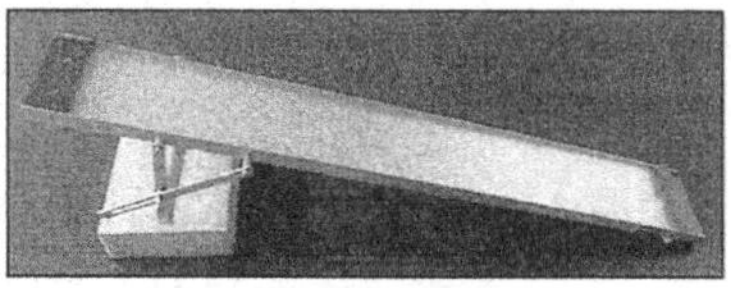

手順２　**図７**のような１辺が１０ｃｍの正方形のア～ウを用意し、重さをはかる。そして、それぞれしゃ面の最も高いところに置いてから静かに手をはなし、しゃ面の最も低いところまですべり下りる時間をはかる。ただし、工作用紙の板は、ますがかかれている面を上にする。

図７　ア～ウ

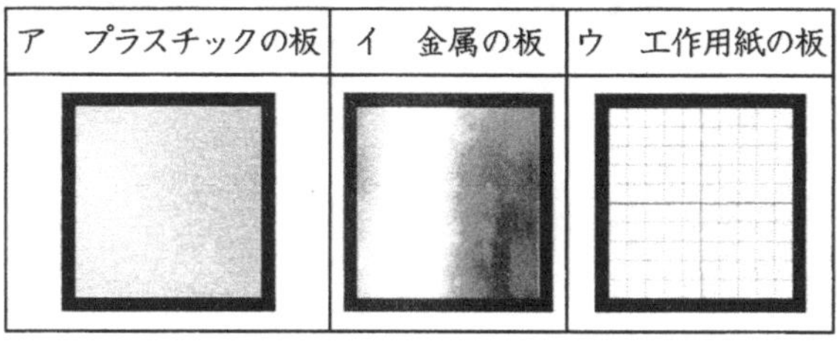

実験２の結果は、**表２**のようになりました。

表２　**実験２**の結果

	ア　プラスチックの板	イ　金属の板	ウ　工作用紙の板
面積（ｃｍ²）	１００	１００	１００
重さ（ｇ）	５．２	２６．７	３．７
すべり下りる時間（秒）	１．４	０．９	１．８

太　郎：速くすべり下りるには、重ければ重いほどよいね。

花　子：本当にそうなのかな。プラスチックの板と金属の板と工作用紙の板をそれぞれ１枚《まい》ずつ積み重ねて調べてみよう。

二人は、次のような**実験3**を行いました。

実験3

手順1　**実験2**の手順1と同じしゃ面を用意する。

手順2　**実験2**の手順2で用いたプラスチックの板と金属の板と工作用紙の板を、それぞれ6枚ずつ用意する。それらの中からちがう種類の板、合計3枚を**図8**のように積み重ねて、板の間を接着ざいで接着したものを作り、1号と名前をつける。さらに、3種類の板を1枚ずつ順番をかえて積み重ねて、1号を作ったときに使用した接着ざいと同じ重さの接着ざいで接着したものを五つ作り、それぞれ2号～6号と名前をつける。ただし、積み重ねるとき、工作用紙の板は、ますがかかれている面が上になるようにする。

図8　板を積み重ねた様子

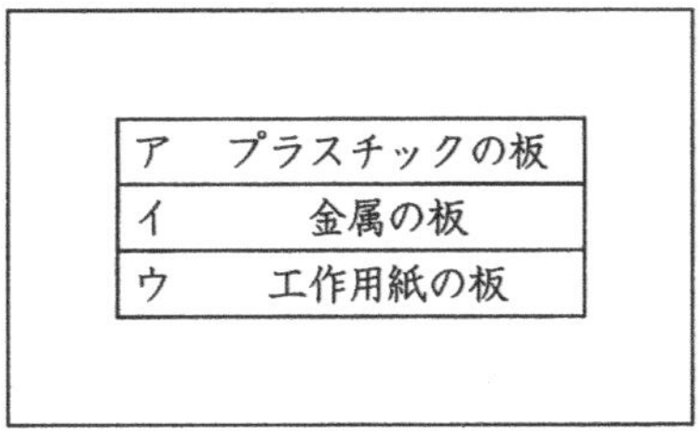

手順3　1号～6号を、積み重ねた順番のまま、それぞれしゃ面の最も高いところに置いてから静かに手をはなし、しゃ面の最も低いところまですべり下りる時間をはかる。

実験3の結果は、**表3**のようになりました。ただし、アはプラスチックの板、イは金属の板、ウは工作用紙の板を表します。また、A、B、Cには、すべり下りる時間（秒）の値《あたい》が入ります。

表3　**実験3**の結果

	1号	2号	3号	4号	5号	6号
積み重ねたときの一番上の板	ア	ア	イ	イ	ウ	ウ
積み重ねたときのまん中の板	イ	ウ	ア	ウ	ア	イ
積み重ねたときの一番下の板	ウ	イ	ウ	ア	イ	ア
すべり下りる時間（秒）	1.8	A	1.8	B	C	1.4

〔問題2〕　**実験3**において、1号～6号の中で、すべり下りる時間が同じになると考えられる組み合わせがいくつかあります。1号と3号の組み合わせ以外に、すべり下りる時間が同じになると考えられる組み合わせを一つ書きなさい。また、すべり下りる時間が同じになると考えた理由を、**実験2**では同じでなかった条件のうち**実験3**では同じにした条件は何であるかを示して、説明しなさい。

適性検査Ⅰ

注意

1 問題は **1** のみで、**4ページ**にわたって印刷してあります。

2 検査時間は**四十五分**で、終わりは**午前九時四十五分**です。

3 声を出して読んではいけません。

4 答えは全て解答用紙に明確に記入し、**解答用紙だけを提出しなさい。**

5 答えを直すときは、きれいに消してから、新しい答えを書きなさい。

6 **受検番号**を解答用紙の決められたらんに記入しなさい。

東京都立南多摩中等教育学校

⑤

1 次の文章を読み、あとの問題に答えなさい。
（*印のついている言葉には本文のあとに〈注〉があります。）

研究や学習を進めるためにはきっちりわからなくなれることが大事です。「きっちりわからなくなれる」とは少し奇妙《きみょう》に響《ひび》くかもしれませんが、次のように考えて下さい。

われわれは自然や世の中に対して知らないことばかりですから、自分のわかっていないことを見つけ出すのは、ごく容易なことだと思うかもしれません。㋐ところがそうではないのです。その理由には、大ざっぱにいって2種類あります。

まず、難《むずか》しくてまったくよくわからないという分野について考えてみましょうか。われわれにとって、そういった分野や領域《りょういき》はいくらでもありますし、よくわかっていないという実感も持っています。しかし、こういう分野や領域でどこがわかっていないのかを明確に*ピンポイントに言うことはまず無理です。ピンポイントに言えませんから、追究をどのようにすればいいのか、エネルギーを*傾注《けいちゅう》しなければならない場所も定《さだ》かではありません。

ここがわかっていないとか、ここが繋《つな》がらないとかと明確に言えるようになるのは、学習が進んである程度のことがわかった後です。漠然《ばくぜん》とわからないとか、まったく苦手の領域で手を付けていないとか、投げ出しているという状態はいくらでもあります。しかし、ここを調べればいいとか、ここが繋がっていないとか、ピンポイントにわからない状態になれるためには、その付近の知識がかなり*システマティックにしっかりしてこないと無理なのです。

もう少し言えば、ピンポイントに問題点が指摘《してき》できるためには、*必要条件としてその手前まではわかっていなければならないのです。資料を*渉猟《しょうりょう》し「こういうことだったのか」とわかり、それを足がかりとして「あそこもそうなるのだろうか」とか「では、どうしてここはそうならないのか」と、初めてわからなくなれるわけです。ピンポイントにわからなくなれるためには、足がかりが必要なのです。足がかりを*構築できるまでは、ぼんやりとしたわからない状態でしかありません。ただただ苦手と感じているに過ぎない状態だと言えるかもしれません。

自分がわかっていない点をピンポイントに確定するのはなかなか困難《こんなん》で、それには2種類あると言いました。そのもうひとつの種類は、「知ってるつもり」という状態に関わるものです。

われわれが「知ってるつもり」でいることもいくらもあります。日常的なことでも専門的《せんもんてき》な分野においても、当たり前だと思って、なぜそうなっているのかを*省察《せいさつ》しない場合はいくらでもあります。この場合も、われわれは当たり前だとか、そういうものだと思っているのですから、明確に疑問《ぎもん》を持つことにはなりません。

大学生と学校方向に歩いていて、以下のような会話をよく聞きました。

「講義で聞いたんだけど、ジャガイモは茎《くき》なんだって」
「知ってる、知ってる。サツマイモは根なんでしょ」
「そうそう」

さてそこから、どんな話になるのかなと期待してつい聞き耳を立てるのですが、その話はそこまでで、「ところで」と、まったく別のアルバイトの話などに、じつに簡単《かんたん》にジャンプしてしまう場合がほとんどでした。

大学生にジャガイモやサツマイモに関して個別に聞いてみると、それぞれが茎であるとか根であるとかを知らない人ももちろんいますが、知ってる人が大部分です。ただ、質問を続けていると彼《かれ》らの会話が他に簡単にジャンプしてしまう理由がわかってきます。彼らはジャガイモが茎であるとかサツマイモが根であるとかは知っていますが、その知識を持っているだけなのです。その周辺の知識はまず持っていません。イモとは何かとか、どうして茎や根なのか、茎や根以外のイモはないのかとかは気にもしていません。そして、十分に「知ってるつもり」なのです。

彼らにとって、「ジャガイモは茎」「サツマイモは根」はただの孤立《こりつ》した知識です。「ジャガイモは茎」「サツマイモは根」と知ってはいますが、そこから*派生《はせい》したり関係する周辺の*知識群が存在《そんざい》するとは思っていません。そして彼らは「知ってるつもり」でいます。それ以上のことはないと感じているので、その話は終わって次にジャンプするのです。

大して知らないのに「知ってるつもり」でいられるのを不思議に思われるかもしれません。それへの回答は簡単です。「知ってるつもり」の知識は、孤立した他と関連しない知識ですから、そこから疑問や推測《すいそく》を生み出すことなく、わからなくならないので「知ってるつもり」でいられるのです。よく知らないので疑問を生じることがないから「知ってるつもり」でいられるのです。

対象に対して「まったくわかっていない」ので具体的な手が打てないでいるのと、「知ってるつもり」でいて疑問を持たないというのは、確かに入り口としてはかなり違《ちが》った状況《じょうきょう》です。しかし、そこからピンポイントにわからなくなれるための作業は似通ってくる、*ないしは原理的に同じです。というのはどちらも、わからなくなれる程度に(イ)知識システムを整備し、ある程度わかってくることが必要だからです。

（西林克彦《にしばやしかつひこ》「知ってるつもり『問題発見力』を高める『知識システム』の作り方」光文社新書による）

〈注〉

ピンポイント――正確な位置。限定されたせまい地点。

傾注《けいちゅう》――ある事に心や力を集中すること。

システマティック――一つ一つの物事が、ある順序やきまりにしたがってよくまとまっている様子。

必要条件――必要な条件。

渉猟《しょうりょう》――広くさがし求めること。

構築――組み立てて作り上げること。

省察《せいさつ》――自らふりかえってみて考えること。

派生《はせい》――もととなる物事から分かれて出てくること。

知識群――知識のまとまり。

ないしは――または。

〈問題1〉 ㋐ところがそうではないのです。とありますが、筆者が「そうではない」と考える理由を五十字以内で説明しなさい。

なお、、や。や「なども、それぞれ字数に数え、一ますめから書き始めること。

〈問題2〉 ㋑知識システムを整備とありますが、筆者が考える「知識システムを整備」するとはどういうことか、「生み出す」という言葉を必ず使って、四十字以内で説明しなさい。

なお、、や。や「なども、それぞれ字数に数え、一ますめから書き始めること。

〈問題3〉 あなたが興味のある分野において、物事を深く調べ考えていくうえで、日ごろからどのような知識を身に付けたいと考えますか。またその知識をどのように生かしていきたいですか。本文をふまえて、あなたの考えを、三百字以上四百字以内で書きなさい。ただし、あとの〈**手順**〉と〈**きまり**〉にしたがうこと。

〈**手順**〉

1　あなたがこれまで身に付けてきた知識を書き、その知識を生かした経験を書く。

2　〈**手順**〉1で書いたことと、知識について本文で書かれていることを比べて、あなたが気付いたことをくわしく説明する。

3　あなたはこれからどのような知識を身に付け、それをどのように生かしていきたいかを、本文をふまえて具体的に書く。

〈**きまり**〉

○題名は書きません。

○最初の行から書き始めます。

○各段落《かくだんらく》の最初の字は一字下げて書きます。

○行をかえるのは、段落をかえるときだけとします。

○、や。や」などもそれぞれ字数に数えます。これらの記号が行の先頭に来るときには、前の行の最後の字と同じますめに書きます。（ますめの下に書いてもかまいません。）

○。と」が続く場合には、同じますめに書いてもかまいません。この場合、。」で一字と数えます。

○段落をかえたときの残りのますめは、字数として数えます。

○最後の段落の残りのますめは、字数として数えません。

適性検査Ⅱ

注　　意

1　問題は 1 から 3 までで、１２ページにわたって印刷してあります。

2　検査時間は**４５分**で、終わりは**午前１１時１０分**です。

3　声を出して読んではいけません。

4　計算が必要なときは、この問題用紙の余白を利用しなさい。

5　答えは全て解答用紙に明確に記入し、**解答用紙だけを提出しなさい。**

6　答えを直すときは、きれいに消してから、新しい答えを書きなさい。

7　**受検番号**を解答用紙の決められたらんに記入しなさい。

東京都立南多摩中等教育学校

問題は次のページからです。

1　放課後、**太郎《たろう》**さんと**花子**さんは、教室で話をしています。

太　郎：今日の総合的な学習の時間に、**花子**さんの班《はん》は何をしていたのかな。
花　子：私《わたし》はプログラミングを学んで、タブレットの画面上でロボットを動かしてブロックを運ぶゲームを作ったよ。
太　郎：おもしろそうだね。やってみたいな。

花子さんは画面に映《うつ》し出された図（**図１**）を、**太郎**さんに見せました。

花　子：この画面で道順を設定すると、ロボットは黒い点から黒い点まで、線の上だけを動くことができるんだ。黒い点のところにブロックを置いておくと、ロボットがその黒い点を通ったときにブロックを運んでくれるんだ。運んだブロックをおろす場所も設定できるよ。設定できることをまとめてみるね。

図１　映《うつ》し出された図

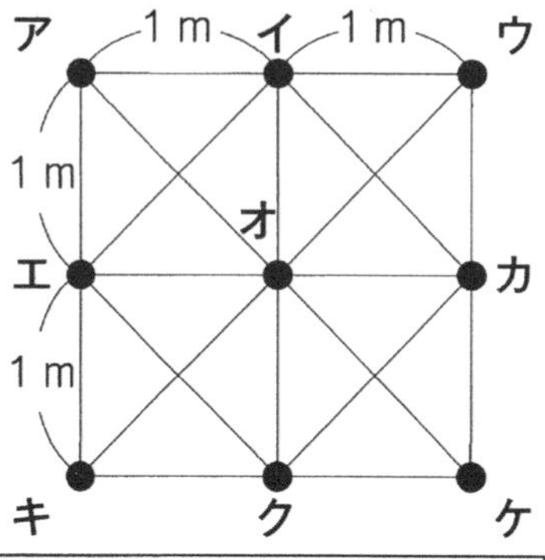

〔設定できること〕
ロボットがスタートする位置
　ブロックを置いていない黒い点から、スタートする。
ブロックを置く位置
　ブロックは黒い点の上に、１個置くことができる。ロボットは、ブロックが置いてある黒い点を通ると、そこに置いてあるブロックを運びながら、設定した次の黒い点に進む。
倉庫（ロボットがブロックをおろす場所）の位置
　ロボットが倉庫に行くと、そのとき運んでいるブロックを全て倉庫におろす。

太　郎：９個の黒い点のある位置は、それぞれ**ア**から**ケ**というんだね。
花　子：そうだよ。**ア**から**オ**に行く場合は**ア→オ**や、**ア→エ→オ**や、**ア→イ→ウ→オ**のように設定できるんだよ。
太　郎：四角形**アエオイ**、四角形**イオカウ**、四角形**エキクオ**、四角形**オクケカ**は正方形なのかな。
花　子：全て正方形だよ。**ア**から**イ**までや、**ア**から**エ**までは１ｍの長さに設定してあるよ。
太　郎：では、ブロックを置く位置と倉庫の位置を設定してみよう。
花　子：**図２**のように**イ**と**カ**と**キ**にブロックをそれぞれ１個ずつ置いて、**ケ**に倉庫の位置を設定してみたよ。それらの黒い点の上に、ブロックを置く位置と倉庫の位置が表示されるんだ。
太　郎：この３個のブロックを倉庫に運ぶために、どのようにロボットを動かせばよいかを考えよう。
花　子：ロボットの速さは分速１２ｍなのだけど、ブロックを運んでいるときはおそくなるよ。
太　郎：どのくらいおそくなるのかな。

花　子：運んでいるブロックの数によって、何も運んでいないときよりも、１ｍ進むのにかかる時間が増えるんだ。でも、運んでいるブロックの数が変わらない限り、ロボットは一定の速さで動くよ。**表1**にまとめてみるね。

太　郎：ブロックを３個運んでいるときは、かなりおそくなるね。

花　子：とちゅうで倉庫に寄ると、そのとき運んでいるブロックを全て倉庫におろすことができるよ。

太　郎：最も短い時間で全てのブロックを運ぼう。スタートする位置も考えないとね。

花　子：まず、計算をして、全てのブロックを倉庫まで運ぶ時間を求めてみよう。

図2　**花子**さんが設定した図

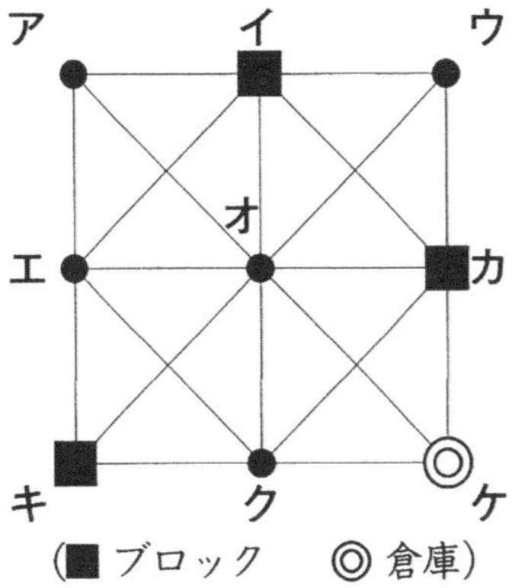

太　郎：１辺の長さが１ｍの正方形の対角線の長さは１．４ｍとして計算しよう。

花　子：私が考えたスタートする位置からロボットが動いて全てのブロックを倉庫に運ぶまでの時間を求めると、４８．８秒になったよ。

太　郎：私の計算でも４８．８秒だったよ。けれども、スタートする位置も道順も**花子**さんの考えたものとは、別のものだったよ。

表1　何も運んでいないときよりも、１ｍ進むのにかかる時間の増え方

運んでいるブロックの数	増える時間
１個	２秒増える
２個	５秒増える
３個	８秒増える

〔問題１〕　**図2**のように**太郎**さんと**花子**さんは**イ**と**カ**と**キ**にブロックを置く位置を、**ケ**に倉庫の位置を設定しました。４８．８秒で全てのブロックを倉庫まで運ぶとき、スタートする位置と道順はどのようになっていますか。いくつか考えられるもののうちの一つを、**ア**～**ケ**の文字と**→**を使って答えなさい。また、４８．８秒になることを式と文章で説明しなさい。ただし、ロボットは３個のブロックを倉庫に運び終えるまで止まることはありません。また、ブロックを集める時間や倉庫におろす時間、ロボットが向きを変える時間は考えないものとします。

花　子：**太郎**さんの班はプログラミングを学んで、何をしていたのかな。

太　郎：私はスイッチをおして、電球の明かりをつけたり消したりするプログラムを作ったよ。画面の中に電球とスイッチが映し出されて（**図3**）、１個のスイッチで１個以上の電球の明かりをつけることや消すことができるんだ。

花　子：おもしろそうだね。

太　郎：そうなんだよ。それでクイズを作っていたけれど、まだ完成していないんだ。手伝ってくれるかな。

花　子：いいよ、見せてくれるかな。

図3　映し出された図

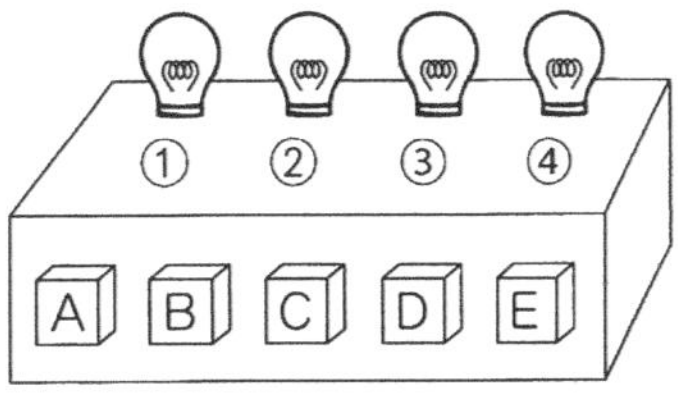

〔**太郎**さんが作っているクイズ〕

①～④の４個の電球と、Ａ～Ｅの５個のスイッチがあります。**全ての電球の明かりが消えている状態で、**Ａのスイッチをおすと、②と③の電球の明かりがつきました。次のヒントを読んで、全ての電球の明かりが消えている状態で、Ｂ～Ｅのスイッチはそれぞれどの電球の明かりをつけるかを答えなさい。

ヒント（あ）：全ての電球の明かりが消えている状態で、ＡとＢとＣのスイッチをおしたあと、明かりがついていたのは①と③の電球であった。

ヒント（い）：全ての電球の明かりが消えている状態で、ＢとＣとＤのスイッチをおしたあと、明かりがついていたのは①と②と④の電球であった。

ヒント（う）：全ての電球の明かりが消えている状態で、ＡとＤとＥのスイッチをおしたあと、明かりがついていたのは①と④の電球であった。

花　子：Ａのスイッチは、②と③の電球の明かりをつけるスイッチなんだね。

太　郎：Ａのスイッチは、②と③の電球の明かりを消すこともあるよ。②と③の電球の明かりがついている状態で、Ａのスイッチをおすと、②と③の電球の明かりは消えるんだ。

花　子：①と④の電球の明かりがついている状態で、Ａのスイッチをおしても、①と④の電球の明かりはついたままなのかな。

太　郎：そうだよ。Ａのスイッチをおしても、①と④の電球の明かりは何も変化しないんだ。

花　子：Ａ以外にも、②の電球の明かりをつけたり消したりするスイッチがあるのかな。

太　郎：あるよ。だから、Ａのスイッチをおして②の電球の明かりがついたのに、ほかのスイッチをおすと②の電球の明かりを消してしまうこともあるんだ。

花　子：ヒントでは３個のスイッチをおしているけれど、おす順番によって結果は変わるのかな。

太　郎：どの順番でスイッチをおしても、結果は同じだよ。だから、順番は考えなくていいよ。

花　子：ここまで分かれば、クイズの答えが出そうだよ。

太　郎：ちょっと待って。このままではクイズの答えが全ては出せないと思うんだ。ヒントがあと１個必要ではないかな。

花　子：これまで分かったことを、表を使って考えてみるね。スイッチをおしたときに、電球の明かりがつく場合や消える場合には○、何も変化しない場合には×と書くよ。（**表２**）

表２　花子さんが書きこんだ表

	①の電球	②の電球	③の電球	④の電球
Ａのスイッチ	×	○	○	×
Ｂのスイッチ				
Ｃのスイッチ				
Ｄのスイッチ				
Ｅのスイッチ				

太　郎：Ａのスイッチのらんは全て書きこめたね。それでは、**ヒント（あ）**から考えてみようか。

花　子：**ヒント（あ）**を見ると、①の電球の明かりがついたね。でも①の電球のらんを見ると、Ａのスイッチは×だから、ＢとＣのスイッチのどちらか一方が○でもう一方が×になるね。

太　郎：つまり、AとBとCのスイッチの①の電球のらんは、次の**表3**のようになるね。

表3　①の電球について**太郎**《たろう》さんが示した表

	①の電球
Aのスイッチ	×
Bのスイッチ	○
Cのスイッチ	×

または

	①の電球
Aのスイッチ	×
Bのスイッチ	×
Cのスイッチ	○

花　子：次は、③の電球を考えてみよう。**ヒント（あ）**では、③の電球の明かりもついたね。

太　郎：③の電球のらんを見ると、Aのスイッチは○だから、BとCのスイッチは、次の**表4**のようになるね。

表4　③の電球について**太郎**さんが示した表

	③の電球
Aのスイッチ	○
Bのスイッチ	○
Cのスイッチ	○

または

	③の電球
Aのスイッチ	○
Bのスイッチ	×
Cのスイッチ	×

花　子：次は、**ヒント（い）**を見ると、①の電球の明かりがついたね。

太　郎：**ヒント（あ）**で、①の電球はBとCのスイッチのどちらか一方が○でもう一方が×になると分かったね。だから、Dのスイッチの①の電球のらんには×と書けるんだ。

花　子：さらに、**ヒント（う）**を見ると、①の電球の明かりがついたね。AとDのスイッチの①の電球のらんは×なので、Eのスイッチの①の電球のらんには○が書けるよ。（**表5**）

表5　**太郎**さんと**花子**さんがさらに書きこんだ表

	①の電球	②の電球	③の電球	④の電球
Aのスイッチ	×	○	○	×
Bのスイッチ				
Cのスイッチ				
Dのスイッチ	×			
Eのスイッチ	○			

太　郎：ほかの電球についても考えていくと、DとEのスイッチの②から④の電球のらんの○と×が全て書きこめるね。

花　子：でも、BとCのスイッチについては、○と×の組み合わせが何通りかできてしまうよ。

太　郎：やはり、ヒントがあと1個必要なんだ。**ヒント（え）**を次のようにしたら、○と×が一通りに決まって、表の全てのらんに○と×が書きこめたよ。

ヒント（え）：全ての電球の明かりが消えている状態で、□と□と□のスイッチをおしたあと、明かりがついていたのは①と②の電球であった。

〔問題2〕　**表5**の全てのらんに○か×を書きこむための**ヒント（え）**として、どのようなものが考えられますか。解答用紙の**ヒント（え）**の□に、A～Eの中から異《こと》なる3個のアルファベットを書きなさい。また、**ヒント（あ）**～**ヒント（う）**と、あなたが考えた**ヒント（え）**をもとにして、解答用紙の**表5**の空いているらんに○か×を書きなさい。

2 **花子**さんと**太郎**《たろう》さんは、社会科の時間に産業について、**先生**と話をしています。

花　子：これまでの社会科の授業で、工業には、自動車工業、機械工業、食料品工業など、多様な種類があることを学びました。

太　郎：私《わたし》たちの生活は、さまざまな種類の工業と結び付いていましたね。

先　生：私たちの生活に結び付いているのは、工業だけではありませんよ。多くの産業と結び付いています。

花　子：工業のほかにどのような産業があるのでしょうか。

太　郎：たしかに気になりますね。おもしろそうなので、調べてみましょう。

花子さんと**太郎**さんは、産業について調べた後、**先生**と話をしています。

花　子：工業のほかにも、農業や小売業など、たくさんの産業があることが分かりました。同じ産業でも、農業と小売業では特徴《とくちょう》が異《こと》なりますが、何か分け方があるのでしょうか。

先　生：産業は大きく分けると、第１次産業、第２次産業、第３次産業の３種類に分類することができます。

太　郎：それらは、どのように分類されているのですか。

先　生：第１次産業は、自然に直接働きかけて食料などを得る産業で、農業、林業、漁業のことをいいます。第２次産業は、第１次産業で得られた原材料を使用して、生活に役立つように商品を製造したり、加工したりする産業で、工業などのことをいいます。第３次産業は、第１次産業や第２次産業に分類されない産業のことで、主に仕入れた商品を販売《はんばい》する小売業などの商業や、物を直接生産するのではなく、人の役に立つサービス業などのことをいいます。

花　子：大きく区分すると、三つの産業に分類されるのですね。では、日本の産業全体でどれくらいの人が働いているのでしょうか。

太　郎：働いている人のことを就業者《しゅうぎょうしゃ》といいます。日本の産業全体の就業者数を調べてみましょう。

花子さんと**太郎**さんは、日本の産業全体の就業者数について調べました。

花　子：産業全体の就業者数を３０年ごとに調べてみると、１９６０年は約４３７０万人、１９９０年は約６１３７万人、２０２０年は約５５８９万人でした。

太　郎：就業者数は１９６０年、１９９０年、２０２０年と変化しているのですね。それぞれの産業別では、どれくらいの人が働いているのでしょうか。

花　子：私は、第１次産業、第２次産業、第３次産業、それぞれの産業で働いている人の年齢《ねんれい》がどのように構成されているのかを知りたいです。

太　郎：では、今、三つに分類した産業別の就業者数を年齢層《ねんれいそう》ごとに調べ、一つの図にまとめてみましょう。

花子さんと**太郎**さんは、１９６０年、１９９０年、２０２０年における年齢層ごとの産業別の就業者数を調べ、年ごとにグラフ（**図１**）を作成しました。

1

解答用紙

適性検査Ⅰ

〔問題1〕20点

50

40　20

〔問題2〕20点

40　20

〔問題3〕60点

100

受検番号

得点
※

※のらんは、記入しないこと

※100点満点

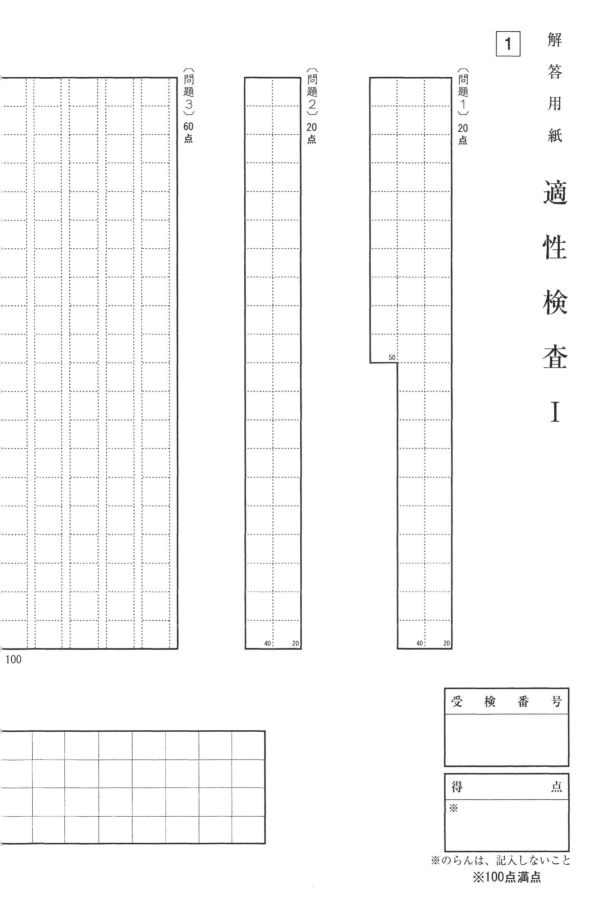

解　答　用　紙　　適　性　検　査　Ⅱ

※100点満点

受　検　番　号

得　　　点
※

※のらんには何も書かないこと

1

〔問題１〕 15点

〔道順〕

スタート　　　　　　　　　　　　　　　　　　　　　　　倉庫

(　　　　) →　　　　　　　　　　　　　　　　　　　　→ ケ

〔式と文章〕

※

〔問題２〕 15点

ヒント（え）：全ての電球の明かりが消えている状態で、

□ と □ と □ のスイッチをおしたあと、

明かりがついていたのは①と②の電球であった。

表５　太郎《たろう》さんと**花子**さんがさらに書きこんだ表

	①の電球	②の電球	③の電球	④の電球
Aのスイッチ	×	○	○	×
Bのスイッチ				
Cのスイッチ				
Dのスイッチ	×			
Eのスイッチ	○			

※

2

〔問題１〕 15点

（選んだ一つを○で囲みなさい。） 第２次産業　　　　第３次産業

※

〔問題２〕 15点

（**図２**と**図３**から一つずつ選んで○で囲みなさい。） **図２**：　①　②　③　　　**図３**：　④　⑤　⑥
〔農家の人たちの立場〕
〔農家以外の人たちの立場〕

※

3

〔問題１〕 18点

（１）
（２）

※

〔問題２〕 22点

（１）
（２）

※

400

300

200

この中には何も書かないこと

図1　１９６０年、１９９０年、２０２０年における年齢層《ねんれいそう》ごとの産業別の就業者数《しゅうぎょうしゃすう》

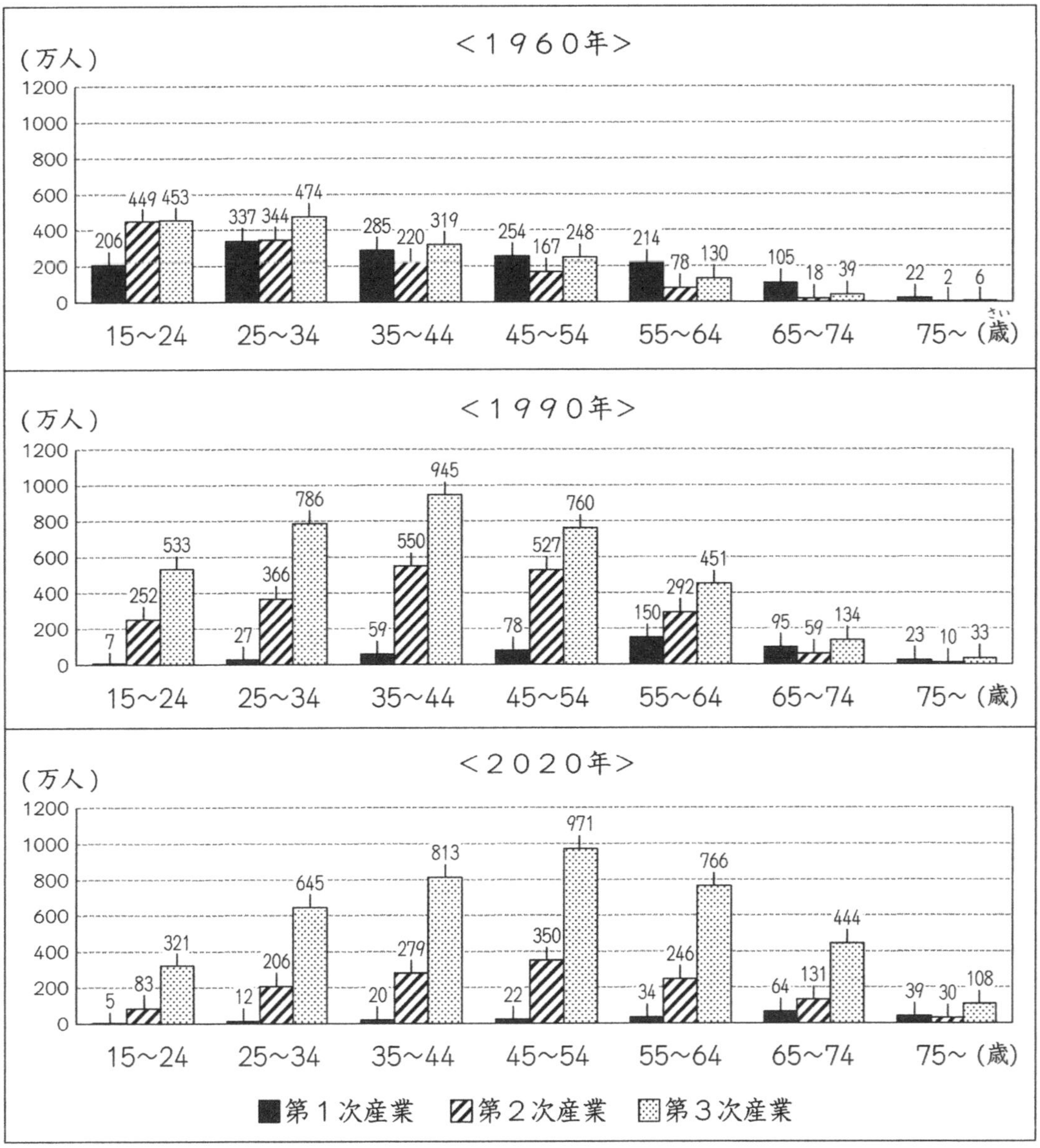

（国勢調査《こくせいちょうさ》より作成）

花　子：図１から、１９６０年、１９９０年、２０２０年で産業別の就業者数と就業者数の最も多い年齢層が変化していることが分かりますね。

太　郎：では、１９６０年、１９９０年、２０２０年を比べて、産業別の就業者数と就業者数の最も多い年齢層の変化の様子を読み取りましょう。

〔問題１〕　**太郎**さんは「１９６０年、１９９０年、２０２０年を比べて、産業別の就業者数と就業者数の最も多い年齢層の変化の様子を読み取りましょう。」と言っています。第２次産業、第３次産業のいずれか一つを選び、１９６０年、１９９０年、２０２０年における、産業別の就業者数と就業者数の最も多い年齢層がそれぞれどのように変化しているか、**図１**を参考にして説明しなさい。

太　郎：グラフを読み取ると、約６０年間の産業別の就業者数と年齢層ごとの就業者数の変化の様子がよく分かりましたね。

花　子：そうですね。ところで、第１次産業に就業している人が、自然に直接働きかけて食料などを得ること以外にも、取り組んでいる場合がありますよね。

太　郎：どういうことですか。

花　子：夏休みにりんご農園へ行ったとき、アップルパイの製造工場があったので見学しました。りんごの生産者がアップルパイを作ることに関わるだけでなく、完成したアップルパイを農園内のお店で販売していました。

先　生：たしかに、りんごを生産する第１次産業、そのりんごを原材料としたアップルパイの製造をする第２次産業、アップルパイの販売をする第３次産業と、同じ場所でそれぞれの産業の取り組みが全て見られますね。二人は、「６次産業化」という言葉を聞いたことはありますか。

太　郎：初めて聞きました。「６次産業化」とは何ですか。

先　生：「６次産業化」とは、第１次産業の生産者が、第２次産業である生産物の加工と、第３次産業である流通、販売、サービスに関わることによって、生産物の価値《かち》をさらに高めることを目指す取り組みです。「６次産業化」という言葉の「６」の数字は、第１次産業の「１」と第２次産業の「２」、そして第３次産業の「３」の全てを足し合わせたことが始まりです。

花　子：そうなのですね。生産物の価値を高めるのは、売り上げを増加させることが目的ですか。

先　生：第１次産業の生産者の売り上げを増加させ、収入《しゅうにゅう》を向上させることが目的です。

太　郎：つまり、「６次産業化」によって、売り上げが増加し、第１次産業の生産者の収入向上につながっているのですね。

先　生：農林水産省《のうりんすいさんしょう》のアンケート調査では、「６次産業化」を始める前と後を比べて、「６次産業化」に取り組んだ農家の約７割《わり》が、年間の売り上げが増えたと答えています。

花　子：どのような取り組みを行って、売り上げは増加したのでしょうか。私は夏休みにりんご農園へ行ったので、農業における「６次産業化」の取り組みをもっとくわしく調べてみたいです。

太　郎：では、「６次産業化」によって売り上げが増加した農家の事例について、調べてみましょう。

太郎さんと**花子**さんは農業における「６次産業化」の取り組み事例について調べて、**先生**に報告しました。

花　子：ゆず農家の取り組み事例がありました。

先　生：「６次産業化」の取り組みとして、ゆずの生産以外に、どのようなことをしているのですか。

太　郎：ゆずを加工して、ゆずポン酢《ず》などを生産し、販売しています。

先　生：売り上げを増加させるために、具体的にどのような取り組みを行っていましたか。

花　子：インターネットを用いて販売先を広げました。その結果、遠くに住んでいる人が、商品を購入《こうにゅう》することができるようになっています。また、地域《ちいき》の使われなくなっていた農地を活用することで、ゆずの生産を増加させています。使われなくなっていた農地を活用した結果、土地が荒《あ》れるのを防ぐことができ、地域の防災にも役立っています。

太　郎：農家の人たちだけでなく、消費者や地域の人たちなどの農家以外の人たちにとっても利点があるということが分かりました。他の農家の取り組みも調べてみたいです。

花　子：では、他の農家ではどのような取り組みをしているのか、調べてみましょう。

図２　花子さんが調べた「*養鶏《ようけい》農家」の取り組み事例

<table>
<tr><td>（生産部門）
卵《たまご》</td><td>（加工部門）
プリン、オムライスなど</td><td>（販売《はんばい》部門）
カフェとレストランでの提供《ていきょう》やインターネットを用いた通信販売</td></tr>
<tr><td colspan="3">＜具体的な取り組み＞
①カフェ事業を始めた結果、来客数が増加した。
②宿泊施設《しゅくはくしせつ》で宿泊者に対して、卵や地元の食材を活用した料理を提供している。
③飼育体験・お菓子《かし》作り体験・カフェ店員体験などを実施《じっし》している。</td></tr>
</table>

＊養鶏《ようけい》：卵《たまご》や肉をとるためにニワトリを飼うこと。

（農林水産省《のうりんすいさんしょう》ホームページなどより作成）

図３　太郎《たろう》さんが調べた「しいたけ農家」の取り組み事例

<table>
<tr><td>（生産部門）
しいたけ</td><td>（加工部門）
しいたけスープなど</td><td>（販売《はんばい》部門）
レストランでの提供《ていきょう》やインターネットを用いた通信販売</td></tr>
<tr><td colspan="3">＜具体的な取り組み＞
④色や形が不揃《ふぞろ》いで出荷《しゅっか》できず、捨《す》てていたしいたけを加工し、新たな商品やレストランのメニューなどを開発し、提供している。
⑤しいたけの加工工場見学などの新しい観光ルートを提案した結果、旅行客が増えた。
⑥地元の会社と協力して加工商品を開発し、販売している。</td></tr>
</table>

（農林水産省《のうりんすいさんしょう》ホームページなどより作成）

太　郎：さまざまな「６次産業化」の取り組みが、行われていることが分かりました。

花　子：「６次産業化」には、さまざまな利点があるのですね。

太　郎：そうですね。「６次産業化」は、これからの第１次産業を発展《はってん》させていく上で、参考になるかもしれませんね。

〔問題２〕　**花子**さんは「「６次産業化」には、さまざまな利点があるのですね。」と言っています。**図２**の①～③、**図３**の④～⑥の＜具体的な取り組み＞の中から一つずつ取り組みを選び、それらに共通する利点を答えなさい。なお、農家の人たちの立場と農家以外の人たちの立場から考え、それぞれ説明すること。

3　花子さんと太郎《たろう》さんが水滴《すいてき》について話をしています。

花　子：雨が降《ふ》った後、いろいろな種類の植物の葉に水滴がついていたよ。

太　郎：植物の種類によって、葉の上についていた水滴の形がちがったよ。なぜなのかな。

花　子：葉の形や面積と関係があるのかな。調べてみよう。

二人は、次のような**実験1**を行いました。

実験1

手順1　次の**ア**～**オ**の５種類の葉を、それぞれ１枚《まい》ずつ用意し、葉の形の写真をとる。

ア　アジサイ　**イ**　キンモクセイ　**ウ**　イチョウ　**エ**　ツバキ　**オ**　ブルーベリー

手順2　１枚の葉の面積を、**図1**のように方眼用紙を用いて求める。

手順3　それぞれの葉の表側に、約５ｃｍの高さからスポイトで水を４滴《てき》分たらす。そして、葉についた水滴を横から写真にとる。

図1　方眼用紙と葉

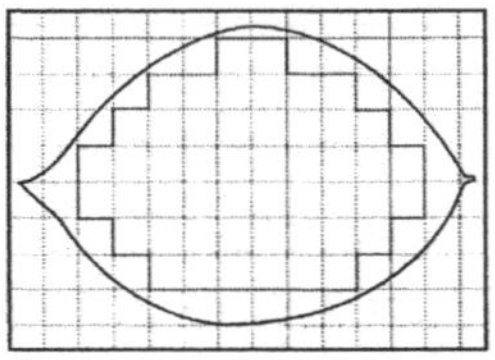

実験1の記録は、**表1**のようになりました。

表1　**実験1**の記録

	ア	イ	ウ	エ	オ
葉の形			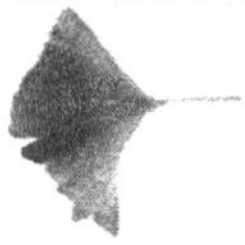		
葉の面積（ｃｍ^2）	１１１	２２	３６	１８	１７
水滴《すいてき》の写真	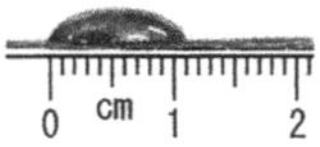	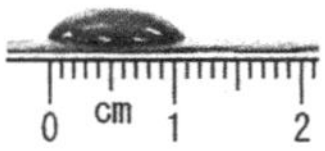	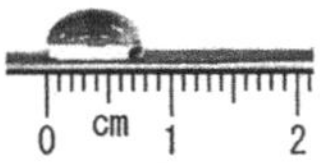	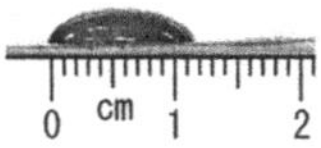	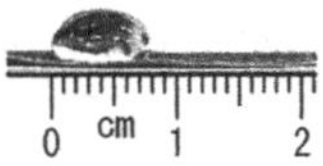

太　郎：**ア**～**オ**の中に、葉を少しかたむけると、水滴が転がりやすい葉と水滴が転がりにくい葉があったよ。

花　子：葉の上で水滴が転がりやすいと、葉から水が落ちやすいのかな。

太　郎：それを調べるために、葉の表側を水につけてから引き上げ、どれだけの量の水が葉についたままなのか調べてみよう。

花　子：葉についたままの水の量が分かりやすいように、葉は１０枚使うことにしましょう。

二人は、次のような**実験2**を行いました。

実験2

手順1　**実験1**の**ア**～**オ**の葉を、新しく10枚ずつ用意し、10枚の葉の重さをはかる。

手順2　**図2**のように、手順1で用意した葉の表側を1枚ずつ、容器に入った水につけてから引き上げ、水につけた後の10枚の葉の重さをはかる。

手順3　手順1と手順2ではかった重さから、10枚の葉についたままの水の量を求める。

図2　葉と水

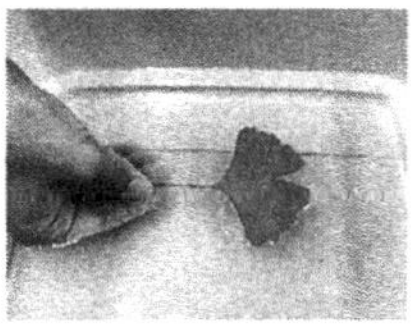

10枚の葉についたままの水の量は、**表2**のようになりました。

表2　10枚《まい》の葉についたままの水の量

	ア	**イ**	**ウ**	**エ**	**オ**
10枚の葉についたままの水の量（g）	11.6	2.1	0.6	1.8	0.4

太　郎：**表2**の10枚の葉についたままの水の量を、少ないものから並《なら》べると、**オ**、**ウ**、**エ**、**イ**、**ア**の順になるね。だから、この順番で水滴が転がりやすいのかな。

花　子：**表1**の葉の面積についても考える必要があると思うよ。**表2**の10枚の葉についたままの水の量を**表1**の葉の面積で割《わ》った値《あたい》は、**ア**と**イ**と**エ**では約0．1になり、**ウ**と**オ**では約0．02になったよ。

太　郎：**表1**の水滴の写真から分かることもあるかもしれないね。

〔問題1〕（1）　**表1**と**表2**と会話文をもとに、水滴《すいてき》が転がりやすい葉1枚《まい》と水滴が転がりにくい葉1枚を選びます。もし**ア**の葉を選んだとすると、もう1枚はどの葉を選ぶとよいですか。**イ**、**ウ**、**エ**、**オ**の中から一つ記号で答えなさい。

（2）　**花子**さんは、「**表2**の10枚の葉についたままの水の量を**表1**の葉の面積で割《わ》った値《あたい》は、**ア**と**イ**と**エ**では約0．1になり、**ウ**と**オ**では約0．02になったよ。」と言いました。この発言と**表1**の水滴の写真をふまえて、水滴が転がりやすい葉か転がりにくい葉か、そのちがいをあなたはどのように判断したか説明しなさい。

太　郎：葉についた水滴《すいてき》について調べたけれど、汗《あせ》が水滴のようになることもあるね。

花　子：汗をかいた後、しばらくたつと、汗の水分はどこへいくのかな。

太　郎：服に吸収《きゅうしゅう》されると思うよ。ここにある木綿《もめん》でできたＴシャツとポリエステルでできたＴシャツを使って、それぞれの布について調べてみよう。

二人は、次のような**実験３**を行いました。

実験３

手順１　木綿でできたＴシャツとポリエステルでできたＴシャツから、同じ面積にした木綿の布３０枚《まい》とポリエステルの布３０枚を用意し、重さをはかる。水の中に入れ、引き上げてからそれぞれ重さをはかり、増えた重さを求める。

手順２　新たに手順１の布を用意し、スタンプ台の上に布を押《お》しあてて黒色のインクをつける。次に、インクをつけた布を紙の上に押しあてて、その紙を観察する。

手順３　新たに手順１の木綿の布３０枚とポリエステルの布３０枚を用意し、それぞれ平らに積み重ねて横から写真をとる。次に、それぞれに２kgのおもりをのせて、横から写真をとる。

実験３は、**表３**と**図３**、**図４**のようになりました。

表３　手順１の結果

	木綿《もめん》の布	ポリエステルの布
増えた重さ（g）	１４．１	２４．９

図３　手順２で観察した紙

木綿の布	ポリエステルの布
 １ｃｍ	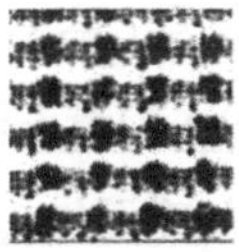 １ｃｍ

図４　手順３で布を積み重ねて横からとった写真

木綿の布		ポリエステルの布	
おもりなし	おもりあり	おもりなし	おもりあり
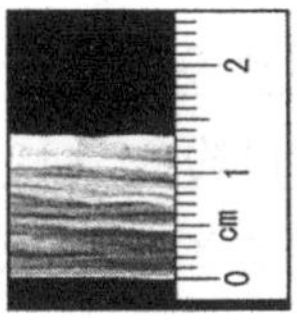	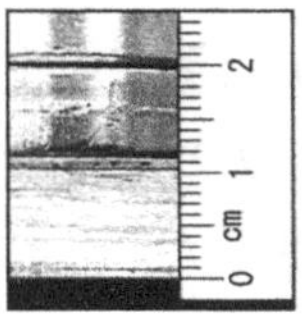	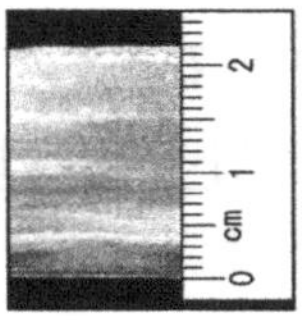	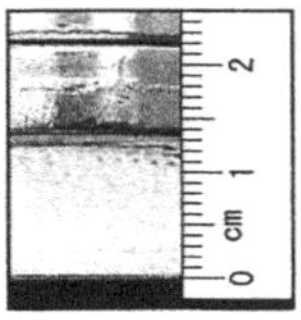

花　子：汗の水分は服に吸収されるだけではなく、蒸発《じょうはつ》もすると思うよ。

太　郎：水を通さないプラスチックの箱を使って、調べてみよう。

二人は、次のような**実験４**を行いました。

実験4

手順1　同じ布でできたシャツを3枚用意し、それぞれ水150gを吸収させ、プラスチックの箱の上にかぶせる。そして、箱とシャツの合計の重さをそれぞれはかる。

手順2　手順1のシャツとは別に、木綿でできたTシャツとポリエステルでできたTシャツを用意し、それぞれ重さをはかる。そして、**図5**のように、次の**カ**と**キ**と**ク**の状態をつくる。

図5　カとキとクの状態

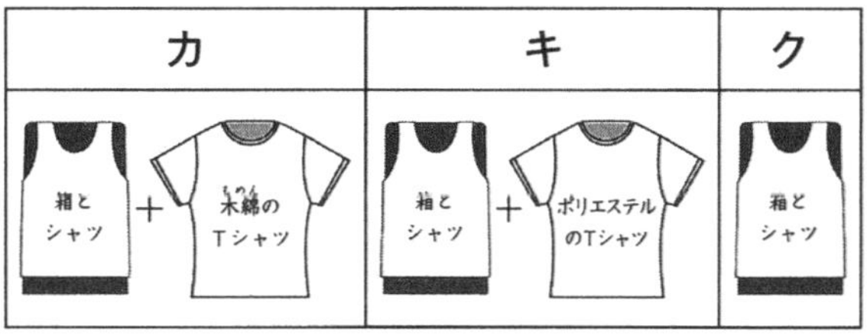

カ　箱とシャツの上に、木綿のTシャツをかぶせた状態

キ　箱とシャツの上に、ポリエステルのTシャツをかぶせた状態

ク　箱とシャツの上に何もかぶせない状態

手順3　手順2の**カ**と**キ**については、60分後にそれぞれのTシャツだけを取って、箱とシャツの合計の重さとTシャツの重さをそれぞれはかる。手順2の**ク**については、60分後に箱とシャツの合計の重さをはかる。

実験4の結果は、**表4**のようになりました。

表4　箱とシャツの合計の重さとTシャツの重さ

	カ		キ		ク
	箱とシャツ	Tシャツ	箱とシャツ	Tシャツ	箱とシャツ
はじめの重さ　(g)	1648.3	177.4	1648.3	131.5	1648.3
60分後の重さ (g)	1611	189.8	1602.4	150.3	1625.2

花　子：**表4**から、60分たつと、箱とシャツの合計の重さは、**カ**では37.3g、**キ**では45.9g、**ク**では23.1g、それぞれ変化しているね。

太　郎：Tシャツの重さは、**カ**では12.4g、**キ**では18.8g、それぞれ変化しているよ。

〔問題2〕（1）**実験3**で用いたポリエステルの布の方が**実験3**で用いた木綿《もめん》の布に比べて水をより多く吸収《きゅうしゅう》するのはなぜですか。**図3**から考えられることと**図4**から考えられることをふまえて、説明しなさい。

（2）**実験4**の手順2の**カ**と**キ**と**ク**の中で、はじめから60分後までの間に、箱とシャツの合計の重さが最も変化しているのは、**表4**から**キ**であると分かります。蒸発《じょうはつ》した水の量の求め方を説明し、**キ**が最も変化する理由を答えなさい。

④

適性検査Ⅰ

注意

1 問題は **1** のみで、**5ページ**にわたって印刷してあります。

2 検査時間は**四十五分**で、終わりは**午前九時四十五分**です。

3 声を出して読んではいけません。

4 答えは全て解答用紙に明確に記入し、**解答用紙だけを提出しなさい。**

5 答えを直すときは、きれいに消してから、新しい答えを書きなさい。

6 **受検番号**を解答用紙の決められたらんに記入しなさい。

東京都立南多摩中等教育学校

問題は次のページからです。

1 次の **文章1** と **文章2** を読み、あとの問題に答えなさい。
（*印のついている言葉には本文のあとに〔注〕があります。）

文章1

思い込《こ》みが怖《こわ》いのは、それでこれから起きようとしている出来事を言わば色眼鏡をかけて見てしまいがちになる点です。*対人関係でも、最初出会ったときにやさしい表情をしていたため、その人をいったんよい人だと思い込んでしまうと、その人の行為《こうい》がすべてよいように見えてしまうということがあります。逆に一度嫌《きら》いだと思った人の行為はどうしても*ネガティブに評価してしまいがちです。

そうしたことは自然科学でも起こります。パラダイムという言葉を聞かれたことがあると思います。ある時代に多くの人が当然の前提として受け入れている、支配的な、あるいは規範《きはん》になっているようなものの見方や考え方を指す言葉です。それが大きく変化することがあります。古い例ですが、天動説から地動説への変化もその代表的な例です。従来《じゅうらい》の*枠組《わくぐ》みに慣れてしまっていると、仮にそれから外れた例を示されても、わたしたちはその枠組み自体を疑《うたが》うということを簡単《かんたん》にはしません。逆に、何か特別な理由があってそうした例が観測されたのではないかと考えたりします。従来の枠組みを維持《いじ》しようという方向にわたしたちの思考は働くのです。しかし、多くの*反例が示されて、いよいよとなったときにパラダイムの劇的《げきてき》な変化（パラダイムシフト）が起こるのです。いったん信じ込んだものから自由になるのがとてもむずかしいことがこのことからもわかります。

わたしたちの知識は少なからずこのような思い込みで成りたっている可能性があります。そうした思い込みを*古代ギリシアの人たちは「ドクサ」という言葉で表現しました。臆見《おっけん》と訳《やく》されたりしますが、十分な根拠《こんきょ》がないにもかかわらず、ただ憶測《おくそく》に基づいて真理だと思い込んでいる見解という意味です。

いまも言いましたように、わたしたちはいったん正しいと思い込んだものから容易に抜《ぬ》けだすことができません。そのことをよく示すラテン語のおもしろいことわざがあります。「クォト・カピタ・トト・センスス（Quot capita, tot sensus）」というものです。もともとはホラティウスという古代ローマを代表する詩人の『*風刺詩《ふうしし》』のなかに出てくる言葉です。試みに訳せば、「頭の数だけ意見がある」となるでしょうか。日本語の「十人十色」ということわざに近いですが、こちらの方は主に好みや趣味《しゅみ》の違《ちが》いを指します。それに対して、「クォト・カピタ・トト・センスス」の方は、考え方や見解がそれぞれの人で違うということを意味しています。つまり、誰《だれ》もが自分の判断や見解に自信をもっていて決して譲《ゆず》らない、誰もが自分の考えに固執《こしつ》するので意見がまとまらない、議論《ぎろん》しても簡単に統一した見解を出せないという状態を表したものです。

誰でも、自分がこれこそ正しいと思い込んだものにしがみついてしまうのです。それは逆に言うと、誰のものであれ、人のものの見方や考え方というのは、絶対に確実なものではなく、多かれ少なかれ、偏《かたよ》りや誤《あやま》りがあるということです。周りから見るとたとえこっけいなものであっても、しばしば本人は真剣《しんけん》に、そしてかたくなにそれを信じ込んでしまい、それから離《はな》れることができないのです。

（藤《ふじ》田《た》正勝《まさかつ》「はじめての哲学《てつがく》」岩波ジュニア新書による）

〔注〕

対人関係——他人との関係。

ネガティブ——否定的《ひていてき》であるさま。

枠組《わくぐ》み——物事のしくみ。

反例——ある主張に当てはまらないことを示す例。

古代ギリシア——大昔のギリシア。

風刺詩《ふうしし》——詩集の名前。

文章2

「哲学《てつがく》対話」という日本語の語句が広く使われるようになったのは、かなり最近のことで、早くとも二〇一〇年以降《いこう》のことです。＊哲学カフェや子どもの哲学などの形で行われる哲学的な対話が、いつしか関係者の間で「哲学対話」と呼《よ》ばれるようになり、哲学カフェなどの活動が広まるにつれて、人々の共通の語彙《ごい》になったのです。

哲学カフェや子どもの哲学、哲学相談（哲学カウンセリング・哲学コンサルティング）などの活動をまとめて「哲学プラクティス」と呼ぶことがあります。「プラクティス」は英語で「実践《じっせん》」という意味で、「哲学プラクティス」とは「哲学を実践すること」です。そして、哲学プラクティスの主要な方法として用いられるのが、哲学対話です。

哲学プラクティスの目的や手法は実践者によってさまざまであり、それに応じて哲学対話のあり方もさまざまです。だから、哲学対話の一般的《いっぱんてき》な定義はありません。ですが、さまざまな形の哲学対話の間にゆるやかに共通して見られるいくつかの特徴《とくちょう》があります。それをまとめると次のように言うことができるでしょう。

哲学対話とは、人が生きるなかで出会うさまざまな問いを、人々と言葉を交《か》わしながら、ゆっくり、じっくり考えることによって、自己《じこ》と世界の見方を深く豊かにしていくこと。

もう少し詳《くわ》しく見てみましょう。

哲学対話にはテーマがあり、問いがあります。テーマや問いを設定せずに哲学対話が始まることもありますが、その場合は対話のなかでテーマや問いを探《さが》していくことになります。哲学対話は何らかのテーマや問いをめぐって進むのです。そして、そのテーマや問いが哲学対話で参加者によって共有され、参加者をつなぐもっとも大切なものになります。

逆に言えば、参加者は他のものは共有していなくてもいいわけです。いや、共有していないほうがいいとすら言えるかもしれません。互《たが》いの職業、地位、履歴《りれき》、人柄《ひとがら》、名前すら知らなくても、テーマや問いを共有していれば、哲学対話は成立するし、その方がよい哲学対話になることがあります。

哲学対話ではありとあらゆる問いを問います。人間と人間をとりまく世界のあらゆるものを、哲学対話のテーマにすることができます。それでも、あえて哲学対話で取り上げられる問いの特徴をあげるとすれば、当たり前のことをあえて問う問い、そしてそう簡単《かんたん》に答えの出ない問い、ということになるでしょう。

たとえば「幸せとは何か」「なぜ善悪《ぜんあく》の区別があるのか」「自由であることはよいことか」などです。誰《だれ》もが「幸福」「善悪」「自由」などの言葉を理解していると思っています。それぞれの人がそれぞれの幸福観をもち、幸福になりたいと願って生きているし、たいていの人々は善悪をわきまえていて、悪いことをすれば非難《ひなん》されるし、人は自由でありたいと願うけれど、行き過ぎた自由はよくない結果を生む、などと思っています。

　しかし、ひとたびこれら当たり前のことをめぐる問いを問うと、実は、みんなさまざまに異《こと》なる意見をもち、誰も最終的な答えを知らないことに気づいて驚《おどろ》きます。その驚きから哲学対話は始まります。これらは、生きるなかで誰もが出会うことのある問いですが、それらを日常生活のなかで立ち止まって考えることは、あまりありません。それは、「幸福」も「善悪」も「生きること」もあまりに当たり前のこと、わかりきったこととされているからです。しかし、これらのことをいったん考え始めると、それらはまったく当たり前のことなどではないことがわかるのです。

（寺田《てらだ》俊郎《としろう》「ゼロからはじめる哲学《てつがく》対話
―哲学プラクティス・ハンドブック」序章1による）

〔注〕
哲学《てつがく》カフェ――――みんなで哲学的な話し合いをする場。

〈問題1〉　**文章1**に大きく変化することがありますとありますが、「大きく変化する」理由を、本文中の表現を使って、五十字以内で説明しなさい。
なお、、や。や「なども、それぞれ字数に数え、一ます目から書き始めること。

〈問題2〉　**文章2**に「幸せとは何か」「なぜ善悪《ぜんあく》の区別があるのか」「自由であることはよいことか」とありますが、筆者はこれらの問いに対する答えをどのように考えていますか。解答らんに合うように二十五字以内で答えなさい。ただし、「当たり前」という言葉を必ず用いること。
なお、、や。や「なども、それぞれ字数に数え、一ます目から書き始めること。

〈問題3〉　**文章1**と**文章2**をふまえて、あなたなら「哲学《てつがく》対話」という方法を、どのような場面でどのように生かすことができると考えますか。自分の考えを四百字以上五百字以内で書きなさい。ただし、あとの〈**手順**〉と〈**きまり**〉にしたがうこと。

〈**手順**〉
1　「思い込み」とはどういうことか、**文章1**の具体例を用いて説明する。
2　**文章2**において、「哲学対話」によってどのようなよい点が生じるのか、筆者の考えをまとめる。
3　〈**手順**〉の1と〈**手順**〉の2を関係付けながら、自分の考えを書く。

〈**きまり**〉
○題名は書きません。
○最初の行から書き始めます。
○各段落《かくだんらく》の最初の字は一字下げて書きます。
○行をかえるのは、段落をかえるときだけとします。
○、や。や」などもそれぞれ字数に数えます。これらの記号が行の先頭に来るときには、前の行の最後の字と同じますめに書きます。（ますめの下に書いてもかまいません。）
○。と」が続く場合には、同じますめに書いてもかまいません。この場合、。」で一字と数えます。
○段落をかえたときの残りのますめは、字数として数えます。
○最後の段落の残りのますめは、字数として数えません。

適性検査Ⅱ

注　　意

1　問題は 1 から 3 までで、１２ページにわたって印刷してあります。

2　検査時間は**４５分**で、終わりは**午前１１時１０分**です。

3　声を出して読んではいけません。

4　計算が必要なときは、この問題用紙の余白を利用しなさい。

5　答えは全て解答用紙に明確に記入し、**解答用紙だけを提出しなさい。**

6　答えを直すときは、きれいに消してから、新しい答えを書きなさい。

7　**受検番号**を解答用紙の決められたらんに記入しなさい。

東京都立南多摩中等教育学校

問題は次のページからです。

1　来週はクラス内でお楽しみ会をします。係である**花子**さんと**太郎《たろう》**さんは、お楽しみ会で渡《わた》すプレゼントの準備をしています。

花　子：プレゼントのお花のかざりができたよ。
太　郎：すてきだね。次は何を作ろうか。
花　子：モールで図形を作って、それを台紙にはったカードをいくつか作ろうよ。
太　郎：いいアイデアだね。カードのデザインはどうしようか。
花　子：わくわくするものがいいね。
太　郎：それならロケットはどうかな。デザインを考えてみるよ。

太郎さんは、**図1**のようなカードのデザインを考えました。花子さんと太郎さんは、モールを使って、**図2**のような図形を作り、それらを組み合わせて台紙にはり、**図3**のようなロケットのカードを作ることにしました。

図1　カードのデザイン

図2

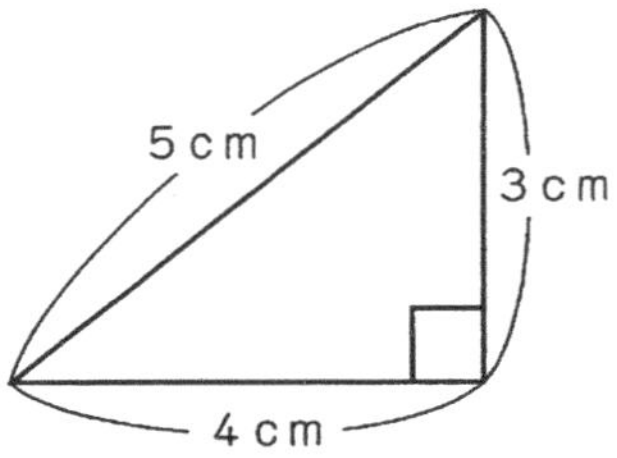

直角三角形

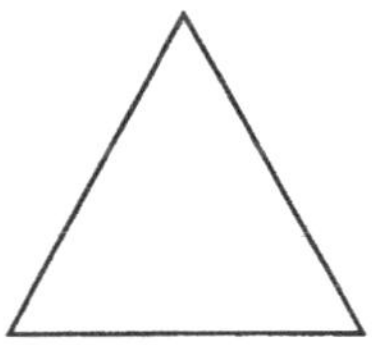

正三角形（1辺3cm）

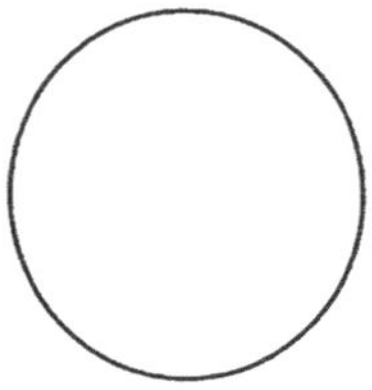

円（直径3cm）

図3　カードのイメージ

花　子：１ｍの長さのモールが６本あるね。

太　郎：私《わたし》は１本のモールを切って、直角三角形を作るよ。

花　子：できるだけ多く作ってね。

太　郎：直角三角形が８個作れたよ。箱に入れておくね。

花　子：私は別の１本のモールを切って、正三角形をできるだけ多く作ったよ。できた正三角形も同じ箱に入れておくね。

太　郎：次は、円をできるだけ多く作ってみようかな。

花　子：でも１枚《まい》のカードを作るのに、円は１個しか使わないよ。

太　郎：それなら１本のモールから、直角三角形と正三角形と円を作ってみようかな。それぞれ３個ずつ作れそうだね。

花　子：それぞれ３個ずつ作る切り方だとモールの余りがもったいないよ。できるだけ余りの長さが短くなるような切り方にしよう。

太　郎：そうだね。残りのモール４本を切る前に、カードは何枚作れるか考えよう。

〔問題１〕　１ｍのモールが４本と箱の中の図形があります。４本のモールで**図２**の直角三角形と正三角形と円を作り、箱の中の図形と組み合わせて**図３**のカードを作ります。モールの余りをつなげて図形を作ることはできないこととします。できるだけ多く**図３**のカードを作るとき、以下の問いに答えなさい。

ただし、円周率は３．１４とし、モールの太さは考えないこととします。

（１）　４本のモールの余りの長さの合計を求めなさい。

（２）　箱の中の図形のほかに、直角三角形と正三角形と円はそれぞれ何個ずつ必要か求めなさい。そのとき、それぞれのモールからどの図形を何個ずつ切るか、文章で説明しなさい。

花子さんと太郎さんは、お花のかざりや**図3**のロケットのカードをふくめて6種類のプレゼントを作りました。

花　子：プレゼントをどのように選んでもらおうか。
太　郎：6種類あるから、さいころを使って決めてもらったらどうかな。
花　子：それはいいね。でも、さいころは別のゲームでも使うから、ちがう立体を使おうよ。
太　郎：正三角形を6個組み合わせてみたら、こんな立体ができたよ。それぞれの面に数字を書いてみるね。

太郎さんは**図4**のような立体を画用紙で作り、**1**から**6**までの数字をそれぞれの面に1個ずつ書きました。

図4　3方向から見た立体

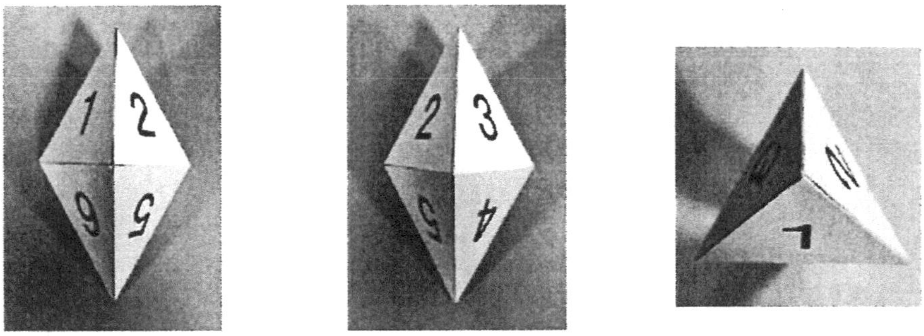

花　子：この立体を机《つくえ》の上で転がしてみよう。
太　郎：机に接する面は一つに決まるね。
花　子：転がし方が分かるように、画用紙に立体の面と同じ大きさの正三角形のマスをたくさん書いて、その上を転がしてみよう。

太郎さんは画用紙に**図5**のような正三角形のマスを書き、**図4**の立体の面が正三角形のマスと接するように置きました。置いた面の正三角形の1辺が動かないように立体を転がしてみると、あることに気づきました。

図5

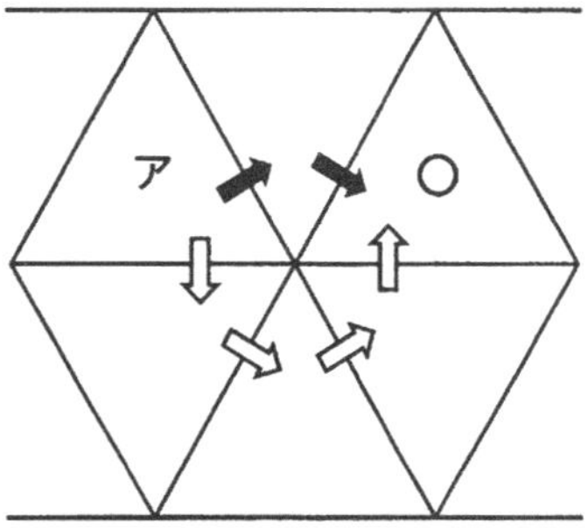

➡ は花子さんの転がし方
⇨ は太郎さんの転がし方

太　郎：立体の**1**の面が、**ア**のマスに数字と文字が同じ向きで接するように置いたよ。転がして**ア**から**○**のマスまで移動させてみよう。
花　子：私は2回転《ころ》がして**○**のマスまで移動させたよ。**○**のマスに接する面が**4**になったよ。
太　郎：私は4回転《ころ》がして移動させてみたけど、**○**のマスに接する面は**4**ではなかったよ。
花　子：転がし方を変えると同じマスへの移動でも、接する面の数字が変わるんだね。

太郎さんは画用紙に**図6**のような正三角形のマスを書きました。花子さんと太郎さんは、**図4**の立体を**イ**のマスから●のマスまでどのように転がすことができるか考えました。

図6

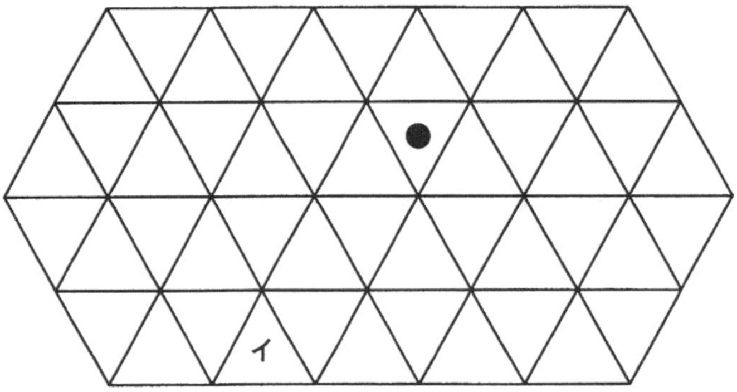

花　子：転がしているとき、一つ前のマスにはもどれないことにしよう。

太　郎：５回転《ころ》がすと、**イ**のマスから●のマスまで移動させることができたよ。

花　子：でも６回転《ころ》がして、**イ**のマスから●のマスまで移動させることはできなかったよ。

太　郎：けれど７回転《ころ》がしたら、**イ**のマスから●のマスまで移動させることができたよ。

花　子：５回の転がし方は１通りだけど、７回の転がし方は何通りかあるね。

太　郎：７回転《ころ》がしたら、●のマスに接する面の数字も何種類かありそうだから、●のマスに接する面の数字に応じて、プレゼントを決められるね。

花　子：でも、**イ**のマスに**１**の面を置いたとき、どのように転がしても●のマスに接しない面があるね。

太　郎：全ての面が●のマスに接するようにするには、くふうが必要だね。

〔問題２〕　**図４**の立体の**１**の面を、**図６**の**イ**のマスに数字と文字が同じ向きで接するように置きます。**図４**の立体を７回転《ころ》がして、**イ**のマスから●のマスまで移動させます。ただし、転がしているとき、一つ前のマスにはもどれないこととします。以下の問いに答えなさい。

（１）　転がし方はいくつかありますが、そのうちの１通りについて、マスに接する面の数字を順に書きなさい。

（２）　**図４**の立体を７回転《ころ》がして、**イ**のマスから●のマスまで移動させたときに、●のマスに接する面の数字を全て書きなさい。

2　花子さんと太郎《たろう》さんは、休み時間に、給食の献立表《こんだてひょう》を見ながら話をしています。

花　子：今日の給食は何だろう。

太　郎：いわしのつみれ汁《じる》だよ。千葉県の郷土料理《きょうどりょうり》だね。郷土料理とは、それぞれの地域《ちいき》で、昔から親しまれてきた料理のことだと書いてあるよ。

花　子：千葉県の海沿《うみぞ》いでは、魚を使った郷土料理が食べられているんだね。日本は周囲を海に囲まれている国だから、他の地域でも、魚を使った郷土料理が食べられてきたのかな。

太　郎：そうかもしれないね。でも、毎日魚がとれたわけではないだろうし、大量にとれた日もあるだろうから、魚を保存《ほぞん》する必要があっただろうね。

花　子：それに、今とちがって冷蔵庫《れいぞうこ》や冷凍庫《れいとうこ》がなかったから、魚を保存するのに大変苦労したのではないかな。

太　郎：次の家庭科の時間に、日本の伝統的な食文化を調べることになっているから、さまざまな地域で、昔から親しまれてきた魚を使った料理と保存方法を調べてみよう。

花子さんと**太郎**さんは、家庭科の時間に、三つの地域の魚を使った料理と保存方法を調べ、**図1**にまとめました。

図1　花子さんと太郎《たろう》さんが調べた魚を使った料理と保存《ほぞん》方法の資料

①北海道小樽《おたる》市　料理名：サケのルイベ	
 サケのルイベ  サケ	材　　料：サケ 保存方法：内臓《ないぞう》をとり除《のぞ》いたサケを、切り身にして雪にうめた。サケを雪にうめて、こおらせることで、低い温度に保ち、傷《いた》みが進まないようにした。
②神奈川県小田原《おだわら》市　料理名：マアジのひもの	
 マアジのひもの  マアジ	材　　料：マアジ 保存方法：地元でとれるマアジを開き、空気がかわいた時期に、日光に当てて干《ほ》した。マアジを干すことで水分が少なくなり、傷みが進まないようにした。
③石川県金沢《かなざわ》市　料理名：ブリのかぶらずし	
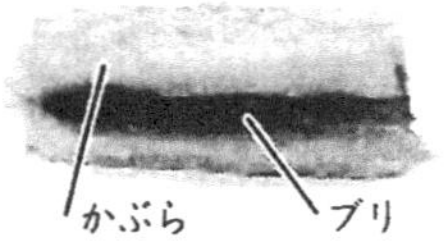 ブリのかぶらずし  ブリ	材　　料：ブリ、かぶら（かぶ）、＊1 甘酒《あまざけ》など 保存方法：かぶら（かぶ）でブリをはさみ、甘酒につけた。空気が冷たく、しめった時期に、甘酒につけることで＊2 発酵《はっこう》をうながし、傷みが進まないようにした。 ＊の付いた言葉の説明 ＊1 甘酒《あまざけ》：米にこうじをまぜてつくる甘《あま》い飲み物。 ＊2 発酵《はっこう》：細菌《さいきん》などの働きで物質が変化すること。発酵は、気温0度以下では進みにくくなる。

（農林水産省《のうりんすいさんしょう》ホームページなどより作成）

花　子：どの料理に使われる魚も、冬に保存されているけれど、地域ごとに保存方法がちがうね。
太　郎：保存方法が異《こと》なるのは、地域の気候に関係しているからかな。
花　子：そうだね。では、**図1**の地域の気温と降水量《こうすいりょう》を調べてみよう。

花子さんと**太郎**さんは、**図1**の地域の月ごとの平均気温と降水量を調べました。

花　子：各地域の月ごとの平均気温と降水量をまとめてみると、**図2**のようになったよ。

図2　月ごとの平均気温と降水量《こうすいりょう》

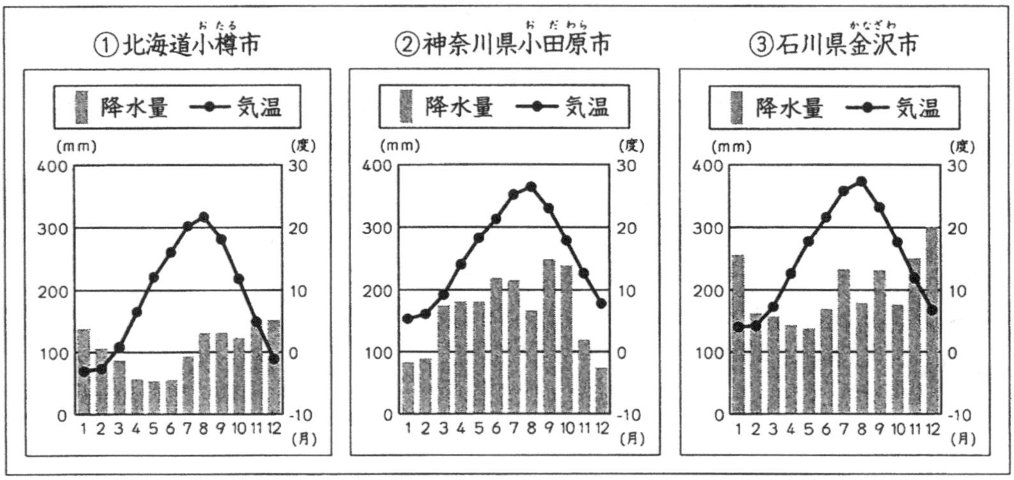

(気象庁《きしょうちょう》ホームページより作成)

太　郎：同じ月でも、地域によって平均気温や降水量がちがうし、同じ地域でも、月によって平均気温や降水量がちがうことが分かるね。
花　子：それぞれの地域で、月ごとの平均気温や降水量に適した保存方法が用いられているのだね。

〔問題1〕　花子さんは「それぞれの地域で、月ごとの平均気温や降水量に適した保存方法が用いられているのだね。」と言っています。**図1**の魚を使った料理は、それぞれどのような保存方法が用いられていますか。それらの保存方法が用いられている理由を、会話文を参考に、**図1**、**図2**と関連させて説明しなさい。

解答用紙　適性検査Ⅰ

1

〔問題1〕20点

50

40　20

〔問題2〕20点

35

と考えている。

20

〔問題3〕60点

100

受検番号

得点
※

※のらんは、記入しないこと

※100点満点

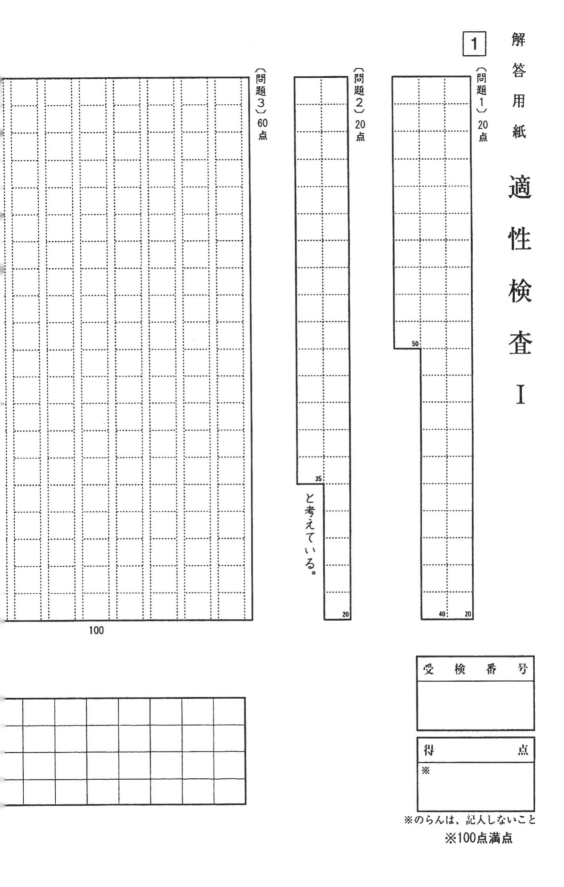

解答用紙　適性検査Ⅱ

※100点満点

受検番号

得点
※

※のらんには何も書かないこと

1

〔問題１〕　15点

（1）	cm		
（2）	〔直角三角形〕　個	〔正三角形〕　個	〔円〕　個
	〔説明〕		

※

〔問題２〕　15点

（1）	イ　1 → □ → □ → □ → □ → □ → □ → □ ●
（2）	

※

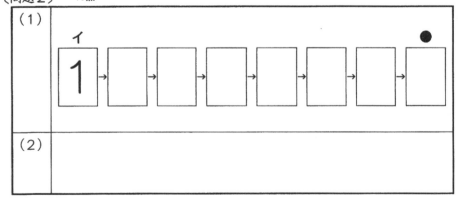

2

〔問題１〕　15点

〔サケのルイベ〕

〔マアジのひもの〕

〔ブリのかぶらずし〕

※

〔問題２〕　15点

（選んだ二つを○で囲みなさい。）

米　・　小麦　・　そば

※

3

〔問題1〕　18点

（1）〔選んだもの〕

〔理由〕

（2）

※

〔問題2〕　22点

（1）

（2）〔サラダ油が見えなくなるもの〕

〔洗剤《せんざい》〕　滴《てき》

※

（4　南多摩）

500　400　300　200

この中には何も書かないこと

【解答用

花子さんと**太郎**さんは、調べたことを**先生**に報告しました。

先　生：魚の保存方法と気温、降水量の関係についてよく調べましたね。

花　子：気温と降水量のちがいは、保存方法以外にも、郷土料理に影響《えいきょう》をあたえたのでしょうか。

先　生：では、次の資料を見てください。

図3　先生が示した地域《ちいき》

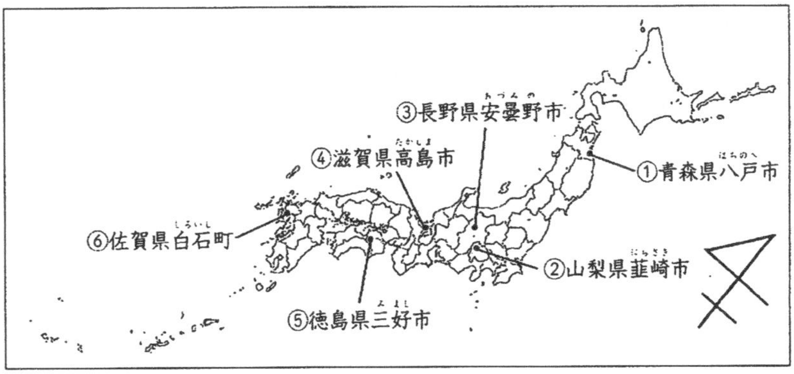

図4　先生が示した地域《ちいき》の郷土料理《きょうどりょうり》

①青森県八戸《はちのへ》市 せんべい汁の画像	せんべい汁《じる》：鶏肉《とりにく》でだしをとったスープに、小麦粉で作ったせんべいと、野菜を入れたなべ料理。	②山梨県韮崎《にらさき》市 ほうとうの画像	ほうとう：小麦粉で作っためんを、かぼちゃなどの野菜といっしょにみそで煮《に》こんだ料理。
③長野県安曇野《あづみの》市 手打ちそばの画像	手打ちそば：そば粉で作っためんを、特産品のわさびなどの薬味が入ったそばつゆにつけて食べる料理。	④滋賀県高島《たかしま》市 しょいめしの画像	しょいめし：野菜と千切りにした油揚《あぶらあ》げをしょうゆなどで煮て、そこに米を入れて炊《た》いた料理。
⑤徳島県三好《みよし》市 そば米雑すいの画像	そば米雑《ごめぞう》すい：米の代わりに、そばの実を塩ゆでし、からをむき、かんそうさせて、山菜などと煮こんだ料理。	⑥佐賀県白石《しろいし》町 すこずしの画像	すこずし：炊いた米に酢《す》などで味付けし、その上に野菜のみじん切りなどをのせた料理。

（農林水産省《のうりんすいさんしょう》ホームページなどより作成）

太　郎：先生が示された郷土料理の主な食材に注目すると、それぞれ米、小麦、そばのいずれかが活用されていることが分かりました。保存方法だけではなく、食材のちがいにも、気温と降水量が関係しているということでしょうか。

先　生：地形、標高、水はけ、土の種類など、さまざまな要因がありますが、気温と降水量も大きく関係しています。米、小麦、そばを考えるなら、その地域の年平均気温と年間降水量に着目する必要があります。

花　子：では、今度は月ごとではなく、それぞれの地域の年平均気温と年間降水量を調べてみます。

花子さんと**太郎**さんは**先生**が**図３**で示した地域の年平均気温と年間降水量を調べ、**表１**にまとめました。

表１　花子さんと太郎《たろう》さんが調べた地域《ちいき》の年平均気温と年間降水量《こうすいりょう》

	年平均気温（度）	年間降水量（mm）
① 青森県八戸《はちのへ》市	10.5	1045
② 山梨県韮崎《にらさき》市	13.8	1213
③ 長野県安曇野《あづみの》市	9.6	1889
④ 滋賀県高島《たかしま》市	14.1	1947
⑤ 徳島県三好《みよし》市	12.3	2437
⑥ 佐賀県白石《しろいし》町	16.1	1823

（気象庁《きしょうちょう》ホームページより作成）

先　生：よく調べましたね。

太　郎：ですが、**表１**では、**図４**の主な食材との関係が分かりにくいです。

花　子：そうですね。年平均気温が高い地域と低い地域、年間降水量が多い地域と少ない地域を、さらに分かりやすく表したいのですが、どうすればよいですか。

先　生：縦軸《たてじく》を年平均気温、横軸《よこじく》を年間降水量とした図を作成してみましょう。**表１**の地域の年平均気温と年間降水量をそれぞれ図に示し、主な食材が同じものを丸で囲んでみると、**図５**のようになります。

太　郎：<u>**図４**と**図５**を見ると、主な食材と年平均気温や年間降水量との関係が見て取れますね。</u>

花　子：そうですね。他の主な食材についても調べてみると面白そうですね。

図５　先生が示した図

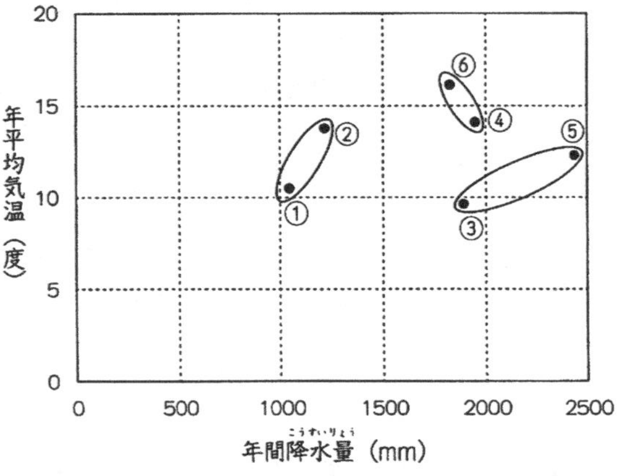

〔問題２〕　太郎さんは「<u>**図４**と**図５**を見ると、主な食材と年平均気温や年間降水量との関係が見て取れますね。</u>」と言っています。**図４**の郷土料理の中で主な食材である米、小麦、そばから二つを選びなさい。選んだ二つの食材がとれる地域の年平均気温、年間降水量を比べながら、それらの地域の年平均気温、年間降水量がそれぞれ選んだ食材とどのように関係しているのか、**図５**と会話文を参考にし、説明しなさい。

3 **花子**さん、**太郎《たろう》**さん、**先生**が石けんと洗剤《せんざい》について話をしています。

花　子：家でカレーライスを食べた後、すぐにお皿を洗《あら》わなかったので、カレーのよごれを落としにくかったよ。食べた後に、お皿を水につけておくとよかったのかな。

太　郎：カレーのよごれを落としやすくするために、お皿を水だけにつけておくより、水に石けんやいろいろな種類の洗剤を入れてつけておく方がよいのかな。調べてみたいな。

先　生：それを調べるには、**図1**のようなスポイトを用いるとよいです。スポイトは液体ごとに別のものを使うようにしましょう。同じ種類の液体であれば、このスポイトから液体をたらすと、１滴《てき》の重さは同じです。

図1　スポイト

二人は、先生のアドバイスを受けながら、次のような**実験１**を行いました。

実験１

手順１　カレールウをお湯で溶《と》かした液体を、**図2**のようにスライドガラスにスポイトで４滴たらしたものをいくつか用意し、１２時間おく。

図2　スライドガラス

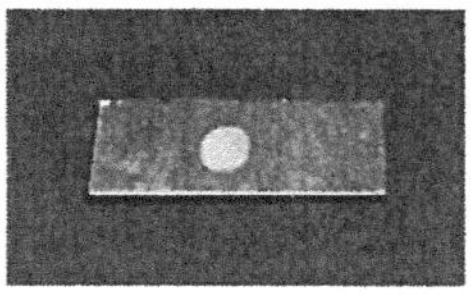

手順２　水１００gが入ったビーカーを４個用意する。１個は水だけのビーカーとする。残りの３個には、スポイトを使って次の**ア**～**ウ**をそれぞれ１０滴たらし、ビーカーの中身をよくかき混ぜ、液体**ア**、液体**イ**、液体**ウ**とする。

ア　液体石けん　　**イ**　台所用の液体洗剤　　**ウ**　食器洗い機用の液体洗剤

手順３　手順１で用意したスライドガラスを、手順２で用意したそれぞれの液体に、**図3**のように１枚《まい》ずつ入れ、５分間つけておく。

手順４　スライドガラスを取り出し、その表面を観察し、記録する。

手順５　観察したスライドガラスを再び同じ液体に入れ、さらに５５分間待った後、手順４のように表面を観察し、記録する。

図3　つけておく様子

実験１の記録は、**表１**のようになりました。

表１　スライドガラスの表面を観察した記録

	水だけ	液体**ア**	液体**イ**	液体**ウ**
５分後	よごれがかなり見える。	よごれがほぼ見えない。	よごれが少し見える。	よごれがほぼ見えない。
６０分後	よごれが少し見える。	よごれが見えない。	よごれが見えない。	よごれが見えない。

花　子：よごれが見えなくなれば、カレーのよごれが落ちているといえるのかな。

先　生：カレーのよごれには色がついているものだけでなく、でんぷんもふくまれます。

太　郎：でんぷんのよごれを落とすことができたか調べるために、ヨウ素液が使えるね。
先　生：けんび鏡で観察すると、でんぷんの粒《つぶ》を数えることができます。でんぷんのよごれの程度を、でんぷんの粒の数で考えるとよいです。

二人は、先生のアドバイスを受けながら、次のような**実験２**を行いました。

実験２

手順１　**実験１**の手順１と同様に、カレーがついたスライドガラスを新たにいくつか用意する。その１枚にヨウ素液を１滴たらし、けんび鏡を用いて１５０倍で観察する。**図４**のように接眼レンズを通して見えたでんぷんの粒の数を、液体につける前の粒の数とする。

図４　でんぷんの粒《つぶ》

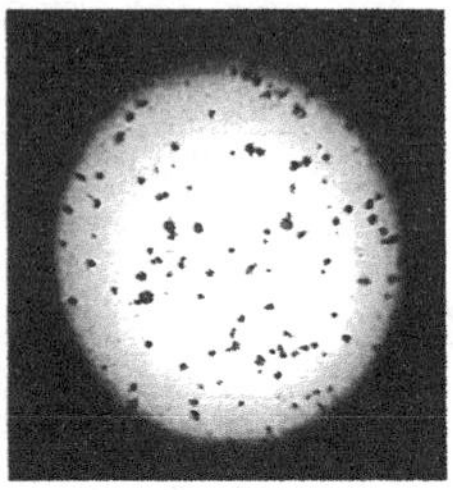

手順２　手順１で用意したスライドガラスについて、**実験１**の手順２～３を行う。そして、手順１のように観察し、それぞれのでんぷんの粒の数を５分後の粒の数として記録する。

手順３　手順２で観察したそれぞれのスライドガラスを再び同じ液体に入れ、さらに５５分間待った後、手順２のようにでんぷんの粒の数を記録する。

実験２の記録は、**表２**のようになりました。

表２　接眼レンズを通して見えたでんぷんの粒《つぶ》の数

	水だけ	液体**ア**	液体**イ**	液体**ウ**
５分後の粒の数（粒）	８０４	６３２	５０４	４７６
６０分後の粒の数（粒）	４８４	８２	６８	１６６

花　子：手順１で、液体につける前の粒の数は１７７２粒だったよ。
先　生：どのスライドガラスも液体につける前の粒の数は１７７２粒としましょう。
太　郎：５分後と６０分後を比べると、液体**ウ**より水だけの方が粒の数が減少しているね。

〔問題１〕（１）　よごれとして、色がついているよごれとでんぷんのよごれを考えます。**実験１**と**実験２**において、５分間液体につけておくとき、よごれを落とすために最もよいと考えられるものを液体**ア**～**ウ**から一つ選びなさい。また、その理由を、**実験１**と**実験２**をもとに書きなさい。

（２）　**実験２**において、５分後から６０分後までについて考えます。水だけの場合よりも液体**ウ**の場合の方が、でんぷんのよごれの程度をより変化させたと考えることもできます。なぜそう考えることができるのかを、**実験２**をもとに文章を使って説明しなさい。

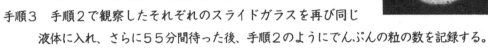

花　子：台所にこぼしたサラダ油を綿のふきんでふき取ったのだけれど、ふきんから油を落とすために洗剤《せんざい》の量をどれぐらいにするとよいのかな。

太　郎：洗剤の量を多くすればするほど、油をより多く落とすことができると思うよ。

先　生：**図１**のようなスポイトを用いて、水に入れる洗剤の量を増やしていくことで、落とすことができる油の量を調べることができます。

二人は、次のような**実験３**を行い、サラダ油５ｇに対して洗剤の量を増やしたときに、落とすことができる油の量がどのように変化するのか調べました。

実験３

手順１　２０．６ｇの綿のふきんに、サラダ油５ｇをしみこませたものをいくつか用意する。

手順２　**図５**のような容器に水１kｇを入れ、洗剤を**図１**のスポイトで４滴《てき》たらす。そこに、手順１で用意したサラダ油をしみこませたふきんを入れる。容器のふたを閉《し》め、上下に５０回ふる。

図５　容器

手順３　容器からふきんを取り出し、手でしぼる。容器に残った液体を外へ流し、容器に新しい水１kｇを入れ、しぼった後のふきんを入れる。容器のふたを閉め、上下に５０回ふる。

手順４　容器からふきんを取り出し、よくしぼる。ふきんを日かげの風通しのよいところで２４時間おき、乾燥《かんそう》させる。乾燥させた後のふきんの重さを電子てんびんではかる。

手順５　手順１～４について、**図１**のスポイトでたらす洗剤の量を変化させて、乾燥させた後のふきんの重さを調べる。

実験３の結果は、**表３**のようになりました。

表３　洗剤《せんざい》の量と乾燥《かんそう》させた後のふきんの重さ

洗剤の量（滴《てき》）	４	８	１２	１６	２０	２４	２８	３２	３６	４０
ふきんの重さ（ｇ）	24.9	24.6	23.5	23.5	23.0	22.8	23.8	23.8	23.8	23.9

花　子：調理の後、フライパンに少しの油が残っていたよ。少しの油を落とすために、最低どのくらい洗剤の量が必要なのか、調べてみたいな。

太　郎：洗剤の量をなるべく減らすことができると、自然環境《かんきょう》を守ることになるね。洗剤に水を加えてうすめていって、調べてみよう。

先　生：洗剤に水を加えてうすめた液体をつくり、そこに油をたらしてかき混ぜた後、液体の上部に油が見えなくなったら、油が落ちたと考えることにします。

二人は、次のような**実験４**を行いました。

実験４

手順１　ビーカーに洗剤１ｇと水１９ｇを加えて２０ｇの液体をつくり、よくかき混ぜる。この液体を液体Ａとする。液体Ａを半分に分けた１０ｇを取り出し、試験管**Ａ**に入れる。液体Ａの残り半分である１０ｇは、ビーカーに入れたままにしておく。

手順２　手順１でビーカーに入れたままにしておいた液体Ａ１０ｇに水１０ｇを加えて２０ｇにし、よくかき混ぜる。これを液体Ｂとする。液体Ｂの半分を試験管**Ｂ**に入れる。

手順３　ビーカーに残った液体Ｂ１０ｇに、さらに水１０ｇを加えて２０ｇとし、よくかき混ぜる。これを液体Ｃとする。液体Ｃの半分を試験管**Ｃ**に入れる。

手順４　同様に手順３をくり返し、試験管**Ｄ**、試験管**Ｅ**、試験管**Ｆ**、試験管**Ｇ**を用意する。

手順５　試験管**Ａ**～**Ｇ**に**図１**のスポイトでそれぞれサラダ油を１滴入れる。ゴム栓《せん》をして試験管**Ａ**～**Ｇ**を１０回ふる。試験管をしばらく置いておき、それぞれの試験管の液体の上部にサラダ油が見えるか観察する。

手順６　もし、液体の上部にサラダ油が見えなかったときは、もう一度手順５を行う。もし、液体の上部にサラダ油が見えたときは、そのときまでに試験管にサラダ油を何滴入れたか記録する。

実験４の記録は、**表４**のようになりました。

表４　加えたサラダ油の量

	試験管**Ａ**	試験管**Ｂ**	試験管**Ｃ**	試験管**Ｄ**	試験管**Ｅ**	試験管**Ｆ**	試験管**Ｇ**
サラダ油の量（滴《てき》）	５９	４１	３８	１７	５	１	１

〔問題２〕（１）　太郎さんは、「洗剤の量を多くすればするほど、油をより多く落とすことができると思うよ。」と予想しました。その予想が正しくないことを、**実験３**の結果を用いて説明しなさい。

（２）　フライパンに残っていたサラダ油０．４ｇについて考えます。新たに用意した**実験４**の試験管**Ａ**～**Ｇ**の液体１０ｇに、サラダ油０．４ｇをそれぞれ加えて１０回ふります。その後、液体の上部にサラダ油が見えなくなるものを、試験管**Ａ**～**Ｇ**からすべて書きなさい。また、**実験４**から、サラダ油０．４ｇを落とすために、**図１**のスポイトを用いて洗剤は最低何滴《てき》必要ですか。整数で答えなさい。

ただし、**図１**のスポイトを用いると、サラダ油１００滴の重さは２．５ｇ、洗剤１００滴の重さは２ｇであるものとします。

適性検査Ⅰ

注意

1 問題は **1** のみで、**5ページ**にわたって印刷してあります。
2 検査時間は**四十五分**で、終わりは**午前九時四十五分**です。
3 声を出して読んではいけません。
4 答えは全て解答用紙に明確に記入し、**解答用紙だけを提出しなさい。**
5 答えを直すときは、きれいに消してから、新しい答えを書きなさい。
6 **受検番号**を解答用紙の決められたらんに記入しなさい。

東京都立南多摩中等教育学校

③

1 次の 文章1 と 文章2 を読み、あとの問題に答えなさい。
（*印のついている言葉には本文のあとに〈注〉があります。）

文章1

普段《ふだん》、私《わたし》たちは「無駄《むだ》」という言葉を*ポジティブな場面ではあまり使っていないと思われる。そして、「無駄」を*ネガティブに感じる場面は大きく二つのパターンがある。

一つは、「わざわざ来たのに無駄だった」「こんなに勉強したのに無駄だった」「こんなにお金を掛《か》けたのに無駄だった」といった経済《けいざい》的《てき》・時間的・肉体的・思考的な労力（コスト）に対して、結果が全く出なかったときに使われているケースがある。

もう一つは、「わざわざ、そんなことをしなくてもできたのに」「こんな簡単《かんたん》なやり方があったのに」といった最小の労力で達成できる方法があるにも関わらず、それを知らずに遠回りをしてしまったときに感じるケースである。

もっとも「無駄」を感じるときは、最小の労力での方が好ましい結果がでる場合であろう。その場合は、まさに「がっかり」である。極端《きょくたん》な例でいうと、木の板で多大な時間と体力を使って洗濯《せんたく》していた人が、高性能なドラム式洗濯機《せんたくき》の存在《そんざい》に気づいたときには、「今までなんて無駄なことをしていたのだ」と思うことだろう。思い起こすと、技術の進歩によって便利な道具が開発されるたびにそこに掛けていた労力は省かれ、「無駄《むだ》」とされる行為《こうい》が生まれてきたといえる。

現在、移動には*ウェブサイト・アプリの「乗換《のりかえ》案内サービス」を使っている人が大半だろう。このサービスは、場所・時間を指定すると最短・最安で行けるルートを提示してくれるのはもちろん、出口や乗り換えに最適な車両までも提示してくれる。たいへん優《すぐ》れものであり、私たちはこれを当たり前に利用している。しかし、このようなサービスが存在しなかった時代には、どのように時間どおりに行ける最適なルートを調べていたのかと不思議に思うときがある。今やそれが思い出せないぐらいにウェブサイト・アプリでの検索《けんさく》が当たり前になっているが、記憶《きおく》を掘《ほ》り起《お》こすと「時刻表《じこくひょう》」を使っていたのだ。

この本を使ってはじめて行く場所への移動手段《しゅだん》をどのように調べていたかをいうと、まず路線図をみて利用する路線と乗換駅を把握《はあく》し、次にその路線のページにて到着《とうちゃく》と乗車の時間を調べ、乗り換えがある場合はそれを繰《く》り返《かえ》す、という*デジタルネイティブの若者《わかもの》にとっては、信じられないぐらいの「手間」がかかり、なんて「無駄」なことだと思うだろう（そもそも、デジタルネイティブの若者は、本の時刻表の存在をもはや知らないのかもしれないが）。ましてや、乗換駅での移動にどのくらいかかるのか、駅から降《お》りて目的地へはどのくらいかかるのかなどは、「おそらく一〇分もあれば行けるだろう」と非常に曖昧《あいまい》で感覚的だったため、「早く着きすぎた」「遅刻《ちこく》した」といったことが多発し、「目的地に時間どおりに着く」という目的の達成すら不確実なものであった。

労力をかけず最適な解を出すといった生産性からいうと、本で調べるという行為は全くもって「無駄」な行為といえるだろう。実際、発行部数はインターネットが普及《ふきゅう》する前と比較《ひかく》すると大きく減少している（しかし、一定数の部数は残っており、ここに「無駄《むだ》」が秘《ひ》める価値《かち》を紐解《ひもと》く鍵《かぎ》があると思う）。

　このような事例は、いくらでもあると考えられる。現在、当たり前のように使っている＊モバイル端末《たんまつ》、そのなかに存在するウェブサイト・アプリは、何かしらの「手間」をかけていた行為に対して、最小の労力（コスト）で達成できるため、生産性からみたら圧倒的《あっとうてき》に優れた＊代替《だいたい》品《ひん》であるといえる。仮に、数年前の自分の行為を客観的にみたときには、「なんて無駄だらけなのだろう」と思うだろう。それだけ技術の進歩が「無駄」な行為を生んできたといえ、現代は「便利」を当たり前に＊享受《きょうじゅ》している社会だともいえる。

（田村高志《たむらたかし》『リノベーション・オブ・バリュー
負からのマーケティング』第二章による）

〈注〉

ポジティブ――積極的であるさま。ここでは前向きの意。

ネガティブ――消極的であるさま。ここでは後ろ向きの意。

ウェブサイト・アプリ――インターネット上で様々な情報をまとめているサービス。

デジタルネイティブ――インターネットやパソコンのある生活環境《かんきょう》で育ってきた世代。

モバイル端末《たんまつ》――小型・軽量で持ち運びに適した電子機器。

代替品《だいたいひん》――同じ目的で使用する物。代用品。

享受《きょうじゅ》――受け取って自分のものにすること。

文章2

著作権に関係する弊社の都合により
本文は省略いたします。

教英出版編集部

著作権に関係する弊社の都合により
本文は省略いたします。

教英出版編集部

（雨宮国広《あめみやくにひろ》「ぼくは縄文大工　石斧でつくる丸木舟と小屋」による）

〈注〉

真脇《まわき》縄文小屋《じょうもんごや》――石川県《いしかわけん》能登町《のとちょう》に復元された、たてあな式住居のこと。

魅了《みりょう》――人の心をひきつけること。

森羅万象《しんらばんしょう》――天地にあるすべてのもの。

〈問題１〉「無駄《むだ》」とされる行為《こうい》が生まれてきたとありますが、どういうことですか。**文章１**の具体例を用いて六十字以内で説明しなさい。

なお、、や。や「なども、それぞれ字数に数え、一ますめから書き始めること。

〈問題２〉「無駄《むだ》」が秘《ひ》める価値《かち》とありますが、これに関連して、**文章２**では何にどのような価値があると述べられていますか。**文章１**で多く使われている「労力」という言葉を必ず使って、六十字以内で説明しなさい。

なお、、や。や「なども、それぞれ字数に数え、一ますめから書き始めること。

〈問題３〉手間がかかる「無駄」な行為で価値を秘めているような具体例を考え、その価値がどのように生み出されるかについて、次の〈**手順**〉と〈**きまり**〉にしたがって、三百字以上四百字以内で書きなさい。

〈**手順**〉

1　手間がかかる「無駄」な行為の具体例を書く。

2　1で書いた行為がどのような価値を生み出すかを書く。

3　1で書いた行為が2で書いた価値を生み出すのはなぜかを書く。

〈**きまり**〉

○題名は書きません。

○最初の行から書き始めます。

○各段落《かくだんらく》の最初の字は一字下げて書きます。

○行をかえるのは、段落をかえるときだけとします。

○、や。や」などもそれぞれ字数に数えます。これらの記号が行の先頭に来るときには、前の行の最後の字と同じますめに書きます。（ますめの下に書いてもかまいません。）

○。と」が続く場合には、同じますめに書いてもかまいません。この場合、。」で一字と数えます。

○段落をかえたときの残りのますめは、字数として数えます。

○最後の段落の残りのますめは、字数として数えません。

適性検査Ⅱ

注　　意

1　問題は 1 から 3 までで、１２ページにわたって印刷してあります。

2　検査時間は４５分で、終わりは**午前１１時１０分**です。

3　声を出して読んではいけません。

4　計算が必要なときは、この問題用紙の余白を利用しなさい。

5　答えは全て解答用紙に明確に記入し、**解答用紙だけを提出しなさい。**

6　答えを直すときは、きれいに消してから、新しい答えを書きなさい。

7　**受検番号**を解答用紙の決められたらんに記入しなさい。

東京都立南多摩中等教育学校

問題は次のページからです。

問題を解くときに、問題用紙や解答用紙、ティッシュペーパーなどを実際に折ったり切ったりしてはいけません。

1　**花子**さん、**太郎**《たろう》さん、**先生**が、２年生のときに習った九九の表を見て話をしています。

花　子：２年生のときに、１の段《だん》から９の段までを何回もくり返して覚えたね。
太　郎：九九の表には、たくさんの数が書かれていて、規則がありそうですね。
先　生：どのような規則がありますか。
花　子：９の段に出てくる数は、一の位と十の位の数の和が必ず９になっています。
太　郎：そうだね。９も十の位の数を０だと考えれば、和が９になっているね。
先　生：ほかには何かありますか。

表1

	1	2	3	4	5	6	7	8	9
1	1	2	3	4	5	6	7	8	9
2	2	4	6	8	10	12	14	16	18
3	3	6	9	12	15	18	21	24	27
4	4	8	12	16	20	24	28	32	36
5	5	10	15	20	25	30	35	40	45
6	6	12	18	24	30	36	42	48	54
7	7	14	21	28	35	42	49	56	63
8	8	16	24	32	40	48	56	64	72
9	9	18	27	36	45	54	63	72	81

太　郎：**表1**のように４個の数を太わくで囲むと、左上の数と右下の数の積と、右上の数と左下の数の積が同じ数になります。
花　子：４×９＝３６、６×６＝３６で、確かに同じ数になっているね。

先　生：では、**表2**のように６個の数を太わくで囲むと、太わくの中の数の和はいくつになるか考えてみましょう。

表2

	1	2	3	4	5	6	7	8	9
1	1	2	3	4	5	6	7	8	9
2	2	4	6	8	10	12	14	16	18
3	3	6	9	12	15	18	21	24	27
4	4	8	12	16	20	24	28	32	36
5	5	10	15	20	25	30	35	40	45
6	6	12	18	24	30	36	42	48	54
7	7	14	21	28	35	42	49	56	63
8	8	16	24	32	40	48	56	64	72
9	9	18	27	36	45	54	63	72	81

花　子：６個の数を全て足したら、２７３になりました。

先　生：そのとおりです。では、同じように囲んだとき、６個の数の和が１３５になる場所を見つけることはできますか。

太　郎：６個の数を全て足せば見つかりますが、大変です。何か規則を用いて探《さが》すことはできないかな。

花　子：規則を考えたら、６個の数を全て足さなくても見つけることができました。

〔問題１〕　６個の数の和が１３５になる場所を一つ見つけ、解答らんの太わくの中にその６個の数を書きなさい。

　また、花子さんは「規則を考えたら、６個の数を全て足さなくても見つけることができました。」と言っています。６個の数の和が１３５になる場所をどのような規則を用いて見つけたか、**図1**の**A**から**F**までを全て用いて説明しなさい。

図1

A	B	C
D	E	F

先　生： 九九の表（**表3**）は、1から9までの2個の数をかけ算した結果を表にしたものです。ここからは、1けたの数を4個かけて、九九の表にある全ての数を表すことを考えてみましょう。次の〔**ルール**〕にしたがって、考えていきます。

表3　九九の表

	1	2	3	4	5	6	7	8	9
1	1	2	3	4	5	6	7	8	9
2	2	4	6	8	10	12	14	16	18
3	3	6	9	12	15	18	21	24	27
4	4	8	12	16	20	24	28	32	36
5	5	10	15	20	25	30	35	40	45
6	6	12	18	24	30	36	42	48	54
7	7	14	21	28	35	42	49	56	63
8	8	16	24	32	40	48	56	64	72
9	9	18	27	36	45	54	63	72	81

〔**ルール**〕

(1)　立方体を4個用意する。

(2)　それぞれの立方体から一つの面を選び、「●」を書く。

(3)　**図2**のように全ての立方体を「●」の面を上にして置き、左から順に**ア**、**イ**、**ウ**、**エ**とする。

(4)　「●」の面と、「●」の面に平行な面を底面とし、そのほかの4面を側面とする。

(5)　「●」の面に平行な面には何も書かない。

(6)　それぞれの立方体の全ての側面に、1けたの数を1個ずつ書く。ただし、数を書くときは、**図3**のように数の上下の向きを正しく書く。

(7)　**ア**から**エ**のそれぞれの立方体から側面を一つずつ選び、そこに書かれた4個の数を全てかけ算する。

図2

ア　**イ**　**ウ**　**エ**

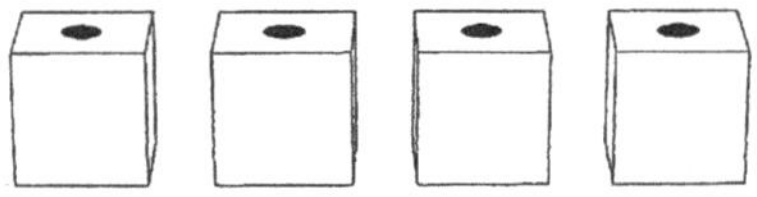

図3

先　生： 例えば**図4**のように選んだ面に2、1、2、3と書かれている場合は、2×1×2×3＝12を表すことができます。側面の選び方を変えればいろいろな数を表すことができます。4個の数のかけ算で九九の表にある数を全て表すには、どのように数を書けばよいですか。

図4　**ア**　**イ**　**ウ**　**エ**

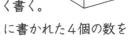

太　郎：４個の立方体の全ての側面に１個ずつ数を書くので、全部で１６個の数を書くことになりますね。

花　子：１けたの数を書くとき、同じ数を何回も書いてよいのですか。

先　生：はい、よいです。それでは、やってみましょう。

太郎さんと花子さんは、立方体に数を書いてかけ算をしてみました。

太　郎：先生、側面の選び方をいろいろ変えてかけ算をしてみたら、九九の表にない数も表せてしまいました。それでもよいですか。

先　生：九九の表にある数を全て表すことができていれば、それ以外の数が表せてもかまいません。

太　郎：それならば、できました。

花　子：私《わたし》もできました。私は、立方体の側面に１から７までの数だけを書きました。

〔問題２〕**〔ルール〕**にしたがって、**ア**から**エ**の立方体の側面に１から７までの数だけを書いて、九九の表にある全ての数を表すとき、側面に書く数の組み合わせを１組、解答らんに書きなさい。ただし、使わない数があってもよい。

　また、**ア**から**エ**の立方体を、**図５**の展開図《てんかいず》のように開いたとき、側面に書かれた４個の数はそれぞれどの位置にくるでしょうか。数の上下の向きも考え、解答らんの展開図に４個の数をそれぞれ書き入れなさい。

図５　展開図《てんかいず》

ア

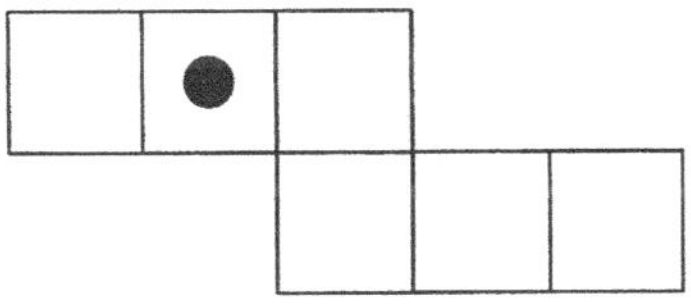

イ

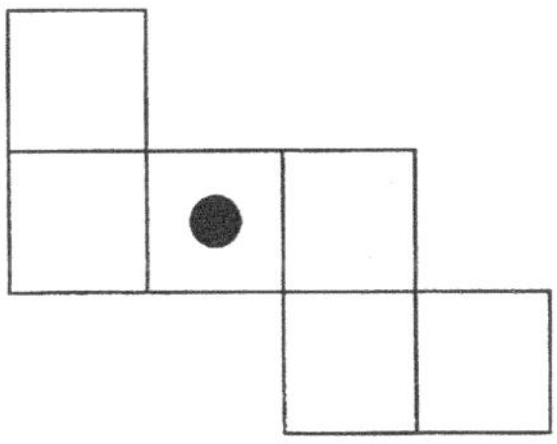

ウ

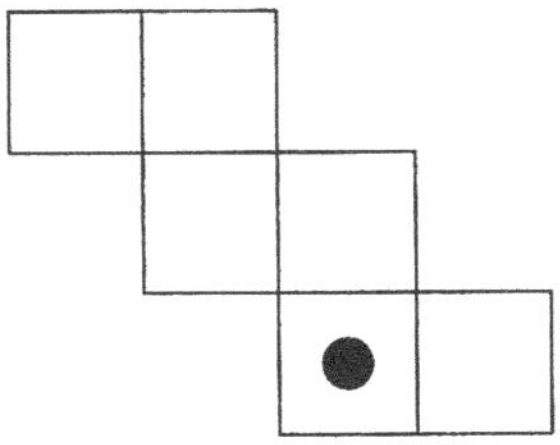

エ

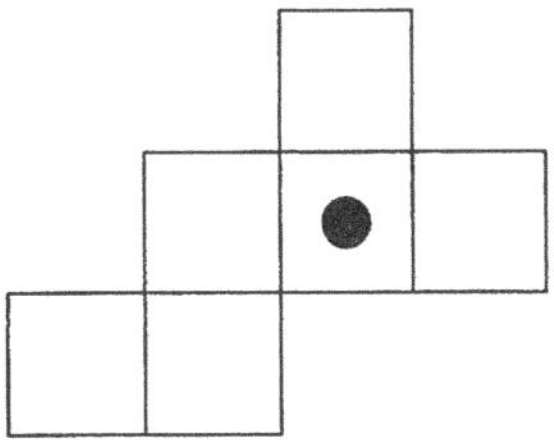

2　**太郎《たろう》**さんと**花子**さんは、木材をテーマにした調べ学習をする中で、**先生**と話をしています。

太　郎：社会科の授業で、森林は、主に天然林と人工林に分かれることを学んだね。

花　子：天然林は自然にできたもので、人工林は人が植林して育てたものだったね。

太　郎：調べてみると、日本の森林面積のうち、天然林が約５５％、人工林が約４０％で、残りは竹林などとなっていることが分かりました。

先　生：人工林が少ないと感じるかもしれませんが、世界の森林面積にしめる人工林の割合《わりあい》は１０％以下ですので、それと比べると、日本の人工林の割合は高いと言えます。

花　子：昔から日本では、生活の中で、木材をいろいろな使い道で利用してきたことと関係があるのですか。

先　生：そうですね。木材は、建築材料をはじめ、日用品や燃料など、重要な資源《しげん》として利用されてきました。日本では、天然林だけでは木材資源を持続的に得ることは難《むずか》しいので、人が森林を育てていくことが必要だったのです。

太　郎：それでは、人工林をどのように育ててきたのでしょうか。

先　生：**図１**は、人工林を育てる森林整備サイクルの例です。

図１　人工林を育てる森林整備サイクルの例

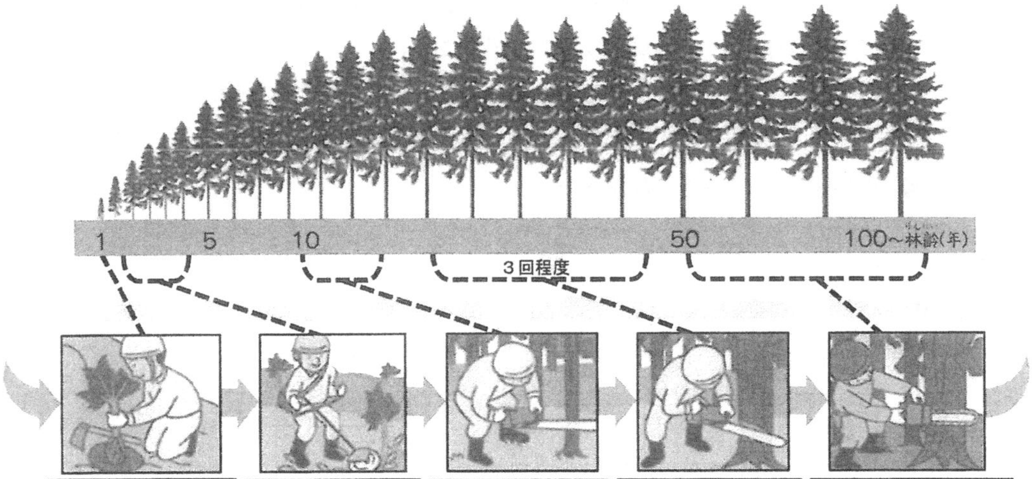

植さい	下《した》がり	除《じょ》ばつ	間ばつ	主ばつ
ばっ採したあとの土地を整理し、なえ木を植え付ける。	植えたなえ木の生育をさまたげる雑草などをかる。	植えた木の生育をさまたげる形の悪い木などをばっ採する。	植えた木の一部をばっ採して、本数を調整し、残った木を育成させる。	木材として利用するために、育成した樹木《じゅもく》をばっ採し、はん出する。

（林野庁《りんやちょう》「森林・林業・木材産業の現状と課題」より作成）

先　生：これを見ると、なえ木の植え付けをしてから、木材として主ばつをするまでの木の成長過程と、植え付けてからの年数、それにともなう仕事の内容が分かりますね。一般的《いっぱんてき》に、森林の年齢《ねんれい》である林齢《りんれい》が、５０年を経過した人工林は、太さも高さも十分に育っているため、主ばつに適していると言われます。

花　子：今年植えたなえ木は、５０年後に使うことを考えて、植えられているのですね。

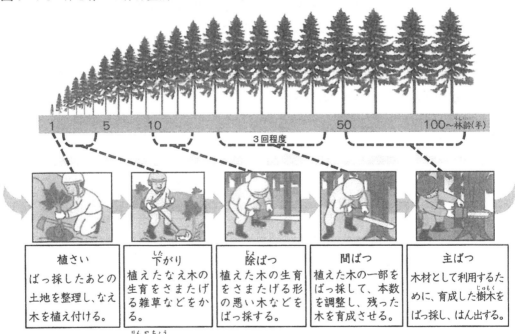

1

解答用紙

適性検査Ⅰ

（問題1）20点

20 40 60

（問題2）20点

20 40 60

（問題3）60点

※100点満点

受検番号

得点
※

※のらんは、記入しないこと

解答用紙　適性検査Ⅱ

※100点満点

受検番号

得点
※

※のらんには何も書かないこと

1

〔問題１〕12点

〔説明〕

※

〔問題２〕18点

〔アの側面に書く４個の数〕				〔イの側面に書く４個の数〕			

〔ウの側面に書く４個の数〕				〔エの側面に書く４個の数〕			

〔アの展《てん》開《かい》図《ず》〕

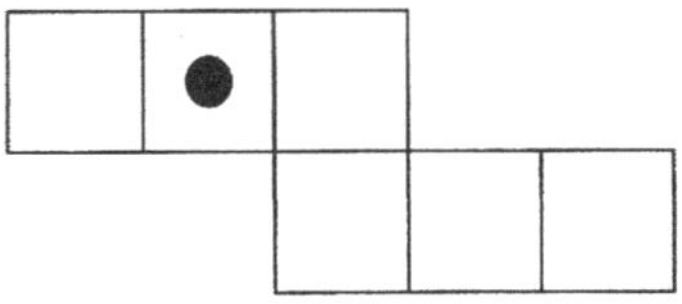

〔イの展開図〕

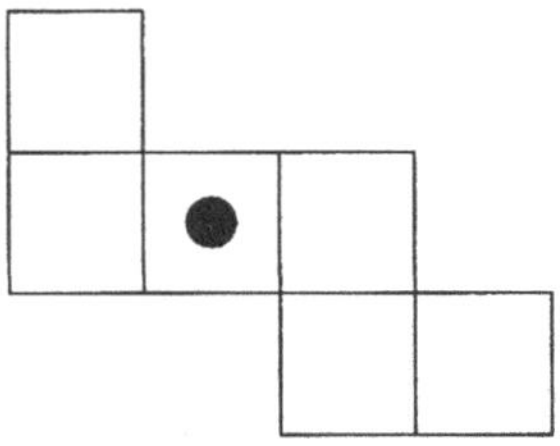

〔ウの展開図〕

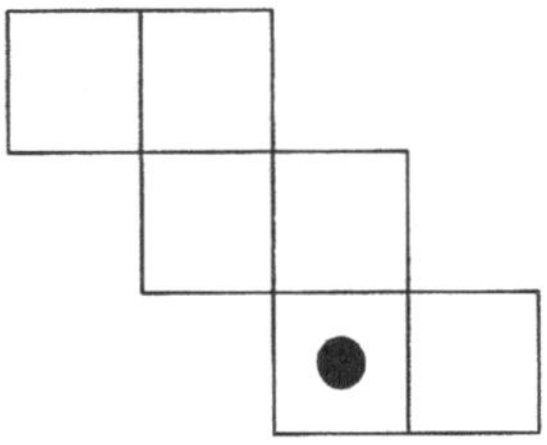

〔エの展開図〕

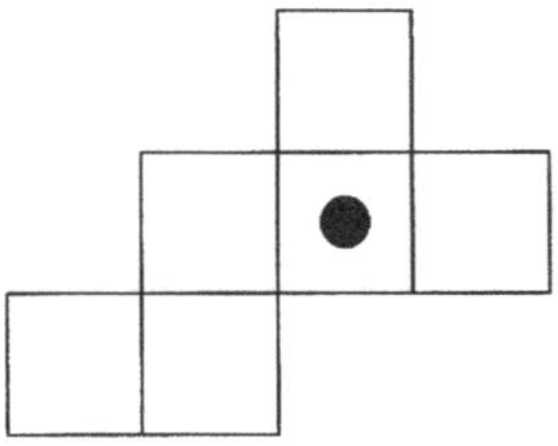

※

2

〔問題１〕 15点

※

〔問題２〕 15点

（選んだ二つを○で囲みなさい。）

図3　**図4**　**図5**

※

3

〔問題１〕 20点

（1）

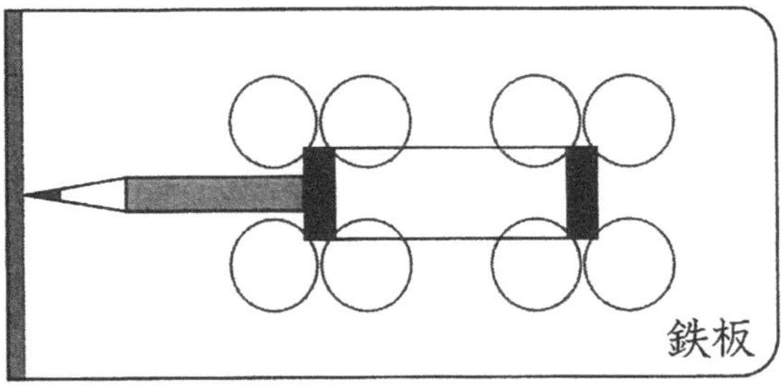

（2）

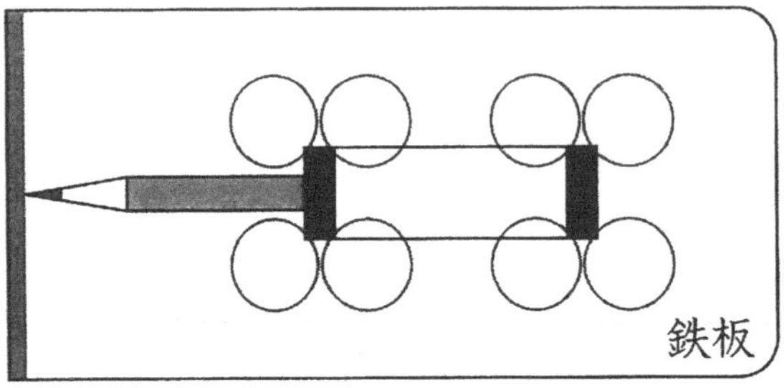

〔理由〕

※

〔問題２〕 20点

（1）　　　　　　　　　　　　　　　個

（2）〔大きい場合〕

〔理由〕

※

（３　南多摩）

400

300

200

この中には何も書かないこと

先　生：人工林を育てるには、長い期間がかかることが分かりましたね。次は、これを見てください。

図2　人工林の林齢《りんれい》別面積の構成

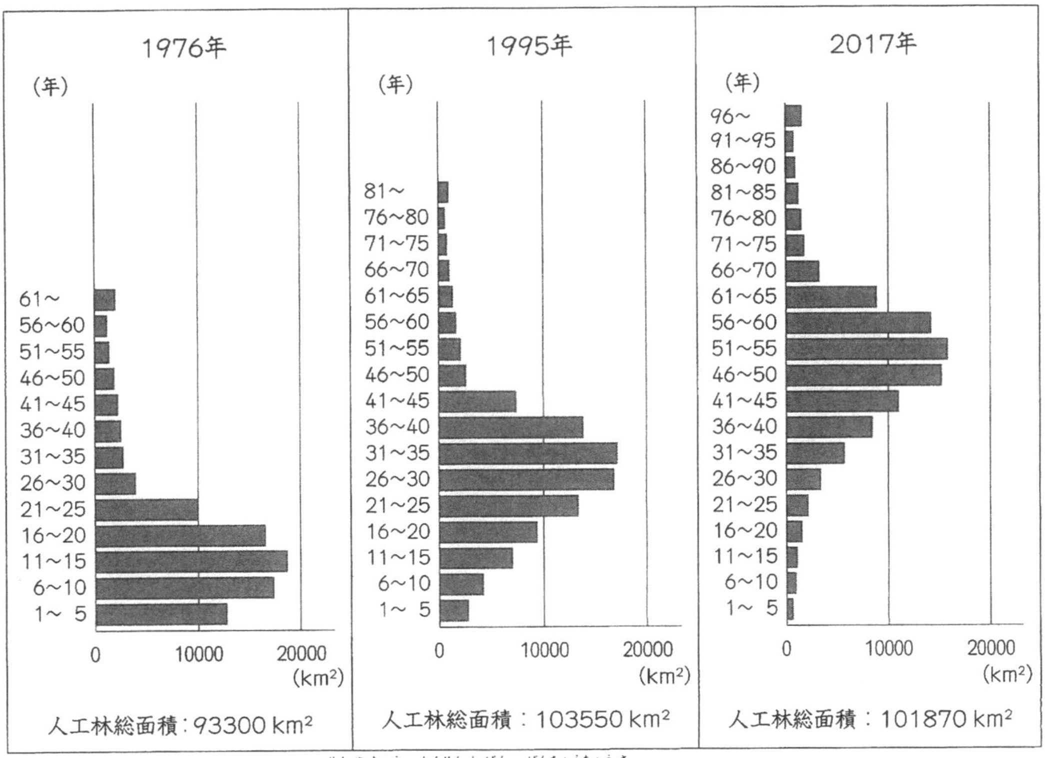

（林野庁《りんやちょう》「森林資源《しんりんしげん》の現況調査《げんきょうちょうさ》」より作成）

先　生：**図2**は、人工林の林齢別面積の移り変わりを示しています。

太　郎：２０１７年では、林齢別に見ると、４６年から６０年の人工林の面積が大きいことが分かります。

花　子：人工林の総面積は、１９９５年から２０１７年にかけて少し減っていますね。

先　生：日本の国土の約３分の２が森林で、森林以外の土地も都市化が進んでいることなどから、これ以上、人工林の面積を増やすことは難しいのです。

太　郎：そうすると、人工林を維持《いじ》するためには、主ばつした後の土地に植林をする必要があるということですね。

先　生：そのとおりです。では、これらの資料から、20年後、40年後といった先を予想してみると、これからも安定して木材を使い続けていく上で、どのような課題があると思いますか。

〔問題１〕　先生は「２０年後、４０年後といった先を予想してみると、これからも安定して木材を使い続けていく上で、どのような課題があると思いますか。」と言っています。持続的に木材を利用する上での課題を、これまでの会話文や**図１**の人工林の林齢と成長に着目し、**図２**から予想される人工林の今後の変化にふれて書きなさい。

花　子：人工林の育成には、森林整備サイクルが欠かせないことが分かりました。**図1**を見ると、林齢が５０年以上の木々を切る主ばつと、それまでに３回程度行われる間ばつがあります。高さや太さが十分な主ばつされた木材と、成長途中《せいちょうとちゅう》で間ばつされた木材とでは、用途《ようと》にちがいはあるのですか。

先　生：主ばつされた木材は、大きな建築材として利用できるため、価格も高く売れます。間ばつされた木材である間ばつ材は、そのような利用は難しいですが、うすい板を重ねて作る合板や、紙を作るための原料、燃料などでの利用価値《りようかち》があります。

太　郎：間ばつ材は、多く利用されているのですか。

先　生：いいえ、そうともいえません。間ばつ材は、ばっ採作業や運ぱんに多くのお金がかかる割《わり》に、高く売れないことから、間ばつ材の利用はあまり進んでいないのが現状です。間ばつは、人工林を整備していく上で、必ず行わなければならないことです。間ばつ材と呼《よ》ばれてはいますが、木材であることに変わりはありません。

花　子：そうですね。間ばつ材も、重要な木材資源として活用することが、資源の限られた日本にとって大切なことだと思います。

先　生：**図3**は、間ばつ材を使った商品の例です。

図3　間ばつ材を使用した商品

かまぼこの板

木製のおもちゃ

太　郎：小さい商品なら、間ばつ材が使えますね。おもちゃは、プラスチック製のものをよく見ますが、間ばつ材を使った木製のものもあるのですね。

花　子：**図3**で取り上げられたもの以外にも、間ばつ材の利用を進めることにつながるものはないか調べてみよう。

太　郎：私《わたし》も間ばつ材に関する資料を見つけました。

図4　間ばつ材に関する活動

紙コップに印刷された間ばつ材マーク

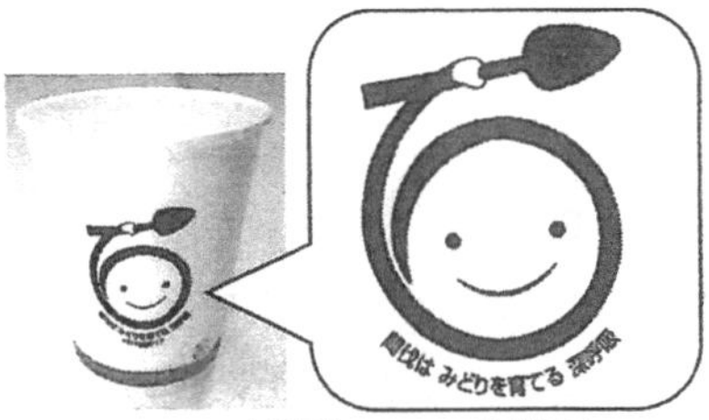

（全国森林組合連合会　間伐材《かんばつざい》マーク事務局《じむきょく》ホームページより）

小学生向け間ばつ体験

（和歌山県観光連盟《わかやまけんかんこうれんめい》ホームページより）

太　郎：図4の間ばつ材マークは、間ばつ材を利用していると認《みと》められた製品に表示されるマークです。間ばつや、間ばつ材利用の重要性などを広く知ってもらうためにも利用されるそうです。

花　子：図4の間ばつ体験をすることで、実際に林業にたずさわる人から、間ばつの作業や、間ばつ材について聞くこともできるね。私も間ばつ材の利用を進めることに関する資料を見つけました。

図5　林業に関する資料

高性能の林業機械を使った間ばつの様子

（中部森林管理局ホームページより）

間ばつ材の運ぱんの様子

（長野《ながの》森林組合《しんりんくみあい》ホームページより）

花　子：木材をばっ採し運び出す方法は、以前は、小型の機具を使っていましたが、**図5**のような大型で高性能の林業機械へと変わってきています。

先　生：間ばつ材の運ぱんの様子も、**図5**をみると、大型トラックが大量の木材を運んでいることが分かります。国としても、このような木材を運び出す道の整備を推進《すいしん》しているのですよ。

太　郎：機械化が進み、道が整備されることで、効率的な作業につながりますね。

先　生：これらの資料を見比べてみると、間ばつ材についての見方が広がり、それぞれ関連し合っていることが分かりますね。

花　子：間ばつ材の利用を進めるためには、さまざまな立場から取り組むことが大切だと思いました。

〔問題2〕　花子さんは、「間ばつ材の利用を進めるためには、さまざまな立場から取り組むことが大切だと思いました。」と言っています。「**図3**　間ばつ材を使用した商品」、「**図4**　間ばつ材に関する活動」、「**図5**　林業に関する資料」の三つから二つの図を選択《せんたく》した上で、選択した図がそれぞれどのような立場の取り組みで、その二つの取り組みがどのように関連して、間ばつ材利用の促進《そくしん》につながるのかを説明しなさい。

3 花子さん、太郎《たろう》さん、先生が磁石《じしゃく》について話をしています。

花　子：磁石の力でものを浮《う》かせる技術が考えられているようですね。
太　郎：磁石の力でものを浮かせるには、磁石をどのように使うとよいのですか。
先　生：**図1**のような円柱の形をした磁石を使って考えてみましょう。この磁石は、一方の底面が**N**極になっていて、もう一方の底面は**S**極になっています。この磁石をいくつか用いて、ものを浮かせる方法を調べることができます。

図1　円柱の形をした磁石《じしゃく》

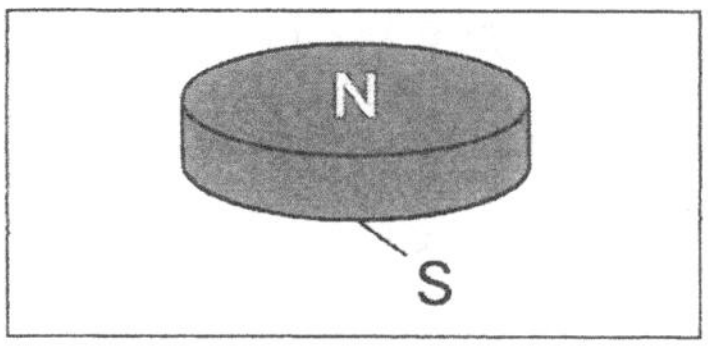

花　子：どのようにしたらものを浮かせることができるか実験してみましょう。

二人は先生のアドバイスを受けながら、次の手順で**実験1**をしました。

実験1

手順1　**図1**のような円柱の形をした同じ大きさと強さの磁石をたくさん用意する。そのうちの1個の磁石の底面に、**図2**のように底面に対して垂直《すいちょく》にえん筆を接着する。

手順2　**図3**のようなえん筆がついたつつを作るために、透明《とうめい》なつつを用意し、その一方の端《はし》に手順1でえん筆を接着した磁石を固定し、もう一方の端に別の磁石を固定する。

手順3　**図4**のように直角に曲げられた鉄板を用意し、一つの面を地面に平行になるように固定し、その鉄板の上に4個の磁石を置く。ただし、磁石の底面が鉄板につくようにする。

手順4　鉄板に置いた4個の磁石の上に、手順2で作ったつつを**図5**のように浮かせるために、えん筆の先を地面に垂直な鉄板の面に当てて、手をはなす。

手順5　鉄板に置いた4個の磁石の表裏《おもてうら》や位置を変えて、つつを浮かせる方法について調べる。ただし、上から見たとき、4個の磁石の中心を結ぶと長方形になるようにする。

図2　磁石とえん筆

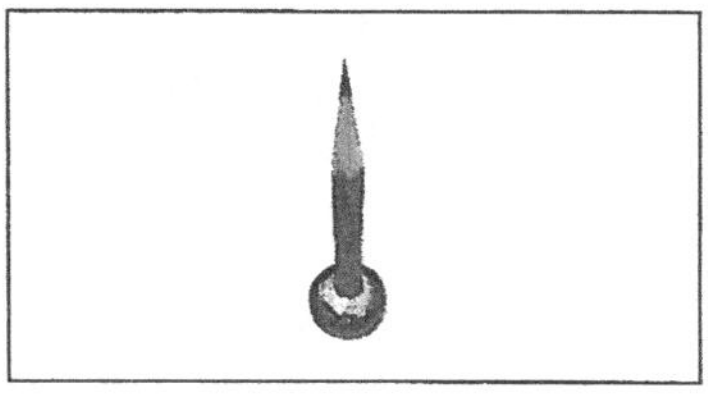

図3　えん筆がついたつつ

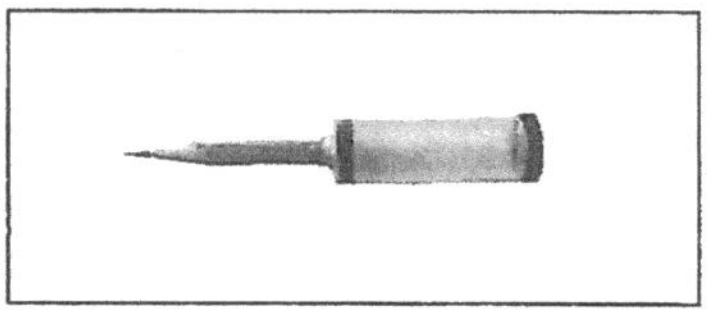

図4　鉄板と磁石4個

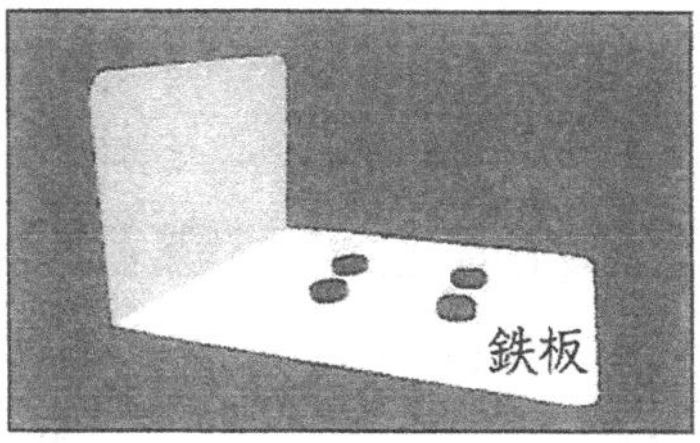

図5　磁石の力で浮《う》かせたつつ

太　郎：つつに使う２個の磁石の**N**極と**S**極の向きを変えると、**図6**のように(あ)～(え)の４種類のえん筆がついたつつをつくることができるね。

図6　４種類のつつ

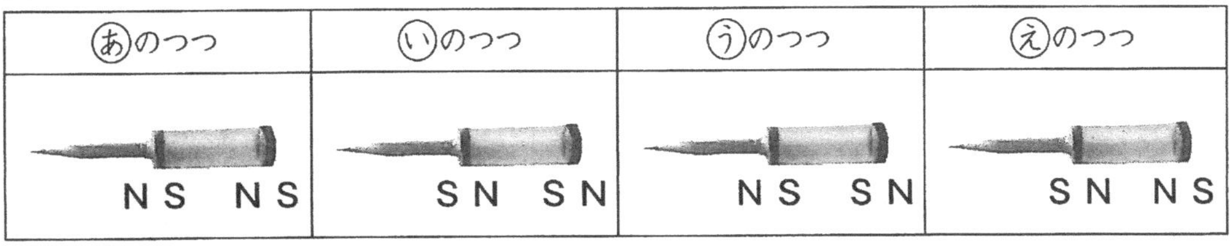

花　子：(あ)のつつを浮かせてみましょう。

太　郎：鉄板を上から見たとき、**図7**の**ア**や**イ**のようにすると、**図5**のように(あ)のつつを浮かせることができたよ。

図7　上から見た(あ)のつつと、鉄板に置いた４個の磁石の位置と上側の極

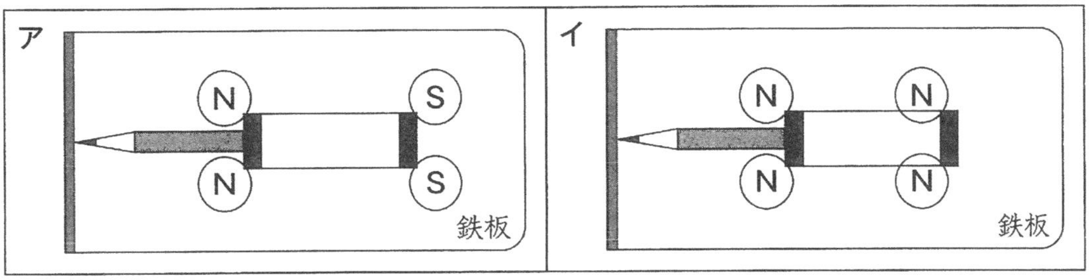

花　子：(あ)のつつを浮かせる方法として、**図7**の**ア**と**イ**の他にも組み合わせがいくつかありそうだね。

太　郎：そうだね。さらに、(い)や(う)、(え)のつつも浮かせてみたいな。

〔問題１〕（１）　**実験１**で**図7**の**ア**と**イ**の他に(あ)のつつを浮かせる組み合わせとして、４個の磁石をどの位置に置き、上側をどの極にするとよいですか。そのうちの一つの組み合わせについて、解答らんにかかれている８個の円から、磁石を置く位置の円を４個選び、選んだ円の中に磁石の上側が**N**極の場合は**N**、上側が**S**極の場合は**S**を書き入れなさい。

（２）　**実験１**で(え)のつつを浮かせる組み合わせとして、４個の磁石をどの位置に置き、上側をどの極にするとよいですか。そのうちの一つの組み合わせについて、（１）と同じように解答らんに書き入れなさい。また、書き入れた組み合わせによって(え)のつつを浮かせることができる理由を、(あ)のつつとのちがいにふれ、**図7**の**ア**か**イ**をふまえて文章で説明しなさい。

花　子：黒板に画用紙をつけるとき、**図8**のようなシートを使うことがあるね。

太　郎：そのシートの片面《かためん》は磁石になっていて、黒板につけることができるね。反対の面には接着剤《せっちゃくざい》がぬられていて、画用紙にそのシートを貼《は》ることができるよ。

花　子：磁石となっている面は、**N**極と**S**極のどちらなのですか。

先　生：磁石となっている面にまんべんなく鉄粉をふりかけていくと、鉄粉は**図9**のように平行なすじを作って並《なら》びます。これは、**図１０**のように**N**極と**S**極が並んでいるためです。このすじと平行な方向を、**A**方向としましょう。

太　郎：接着剤がぬられている面にさまざまな重さのものを貼り、磁石となっている面を黒板につけておくためには、どれぐらいの大きさのシートが必要になるのかな。

花　子：シートの大きさを変えて、**実験２**をやってみましょう。

図8　シートと画用紙

図9　鉄粉の様子

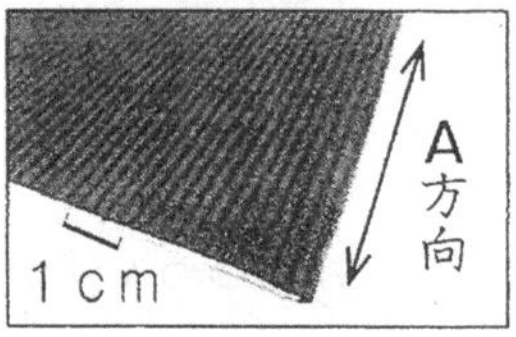

図10　**N**極と**S**極

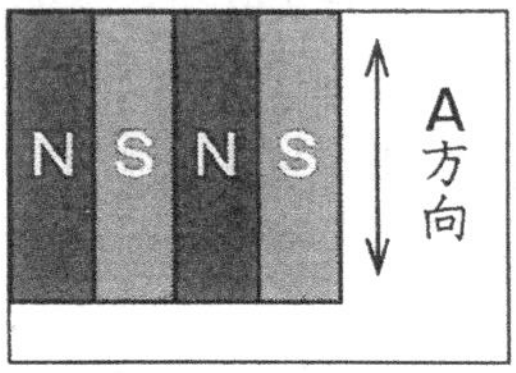

二人は次の手順で**実験２**を行い、その記録は**表1**のようになりました。

実験２

手順１　表面が平らな黒板を用意し、その黒板の面を地面に垂直に固定する。

手順２　シートの一つの辺が**A**方向と同じになるようにして、１辺が１ｃｍ、２ｃｍ、３ｃｍ、４ｃｍ、５ｃｍである正方形に、シートをそれぞれ切り取る。そして、接着剤がぬられている面の中心に、それぞれ１０ｃｍの糸の端《はし》を取り付ける。

手順３　**図１１**のように、１辺が１ｃｍの正方形のシートを、**A**方向が地面に垂直になるように磁石の面を黒板につける。そして糸に１０ｇのおもりを一つずつ増やしてつるしていく。おもりをつるしたシートが動いたら、その時のおもりの個数から一つ少ない個数を記録する。

手順４　シートを**A**方向が地面に平行になるように、磁石の面を黒板につけて、手順３と同じ方法で記録を取る。

手順５　１辺が２ｃｍ、３ｃｍ、４ｃｍ、５ｃｍである正方形のシートについて、手順３と手順４を行う。

図１１　**実験２**の様子

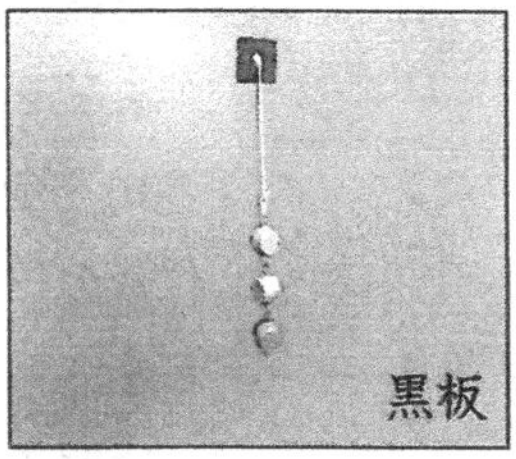

表1　**実験２**の記録

正方形のシートの１辺の長さ（ｃｍ）	１	２	３	４	５
A方向が地面に垂直《すいちょく》なときの記録（個）	０	２	５	１６	２３
A方向が地面に平行なときの記録（個）	０	２	５	１７	２６

太　郎：さらに多くのおもりをつるすためには、どうするとよいのかな。

花　子：おもりをつるすシートとは別に、シートをもう１枚《まい》用意し、磁石の面どうしをつけるとよいと思うよ。

先　生：それを確かめるために、**実験２**で用いたシートとは別に、一つの辺が**Ａ**方向と同じになるようにして、１辺が１ｃｍ、２ｃｍ、３ｃｍ、４ｃｍ、５ｃｍである正方形のシートを用意しましょう。次に、そのシートの接着剤がぬられている面を動かないように黒板に貼って、それに同じ大きさの**実験２**で用いたシートと磁石の面どうしをつけてみましょう。

太　郎：それぞれのシートについて、**Ａ**方向が地面に垂直であるときと、**Ａ**方向が地面に平行であるときを調べてみましょう。

二人は新しくシートを用意しました。そのシートの接着剤がぬられている面を動かないように黒板に貼りました。それに、同じ大きさの**実験２**で用いたシートと磁石の面どうしをつけて、**実験２**の手順３～５のように調べました。その記録は**表２**のようになりました。

表２　磁石の面どうしをつけて調べた記録

正方形のシートの１辺の長さ（ｃｍ）	１	２	３	４	５
Ａ方向が地面に垂直なシートに、 **Ａ**方向が地面に垂直なシートをつけたときの記録（個）	０	３	７	１６	２７
Ａ方向が地面に平行なシートに、 **Ａ**方向が地面に平行なシートをつけたときの記録（個）	１	８	１９	４３	５０
Ａ方向が地面に垂直なシートに、 **Ａ**方向が地面に平行なシートをつけたときの記録（個）	０	０	１	２	３

〔問題２〕（１）　１辺が１ｃｍの正方形のシートについて考えます。**Ａ**方向が地面に平行になるように磁石の面を黒板に直接つけて、**実験２**の手順３について２ｇのおもりを用いて調べるとしたら、記録は何個になると予想しますか。**表１**をもとに、考えられる記録を一つ答えなさい。ただし、糸とシートの重さは考えないこととし、つりさげることができる最大の重さは、１辺が３ｃｍ以下の正方形ではシートの面積に比例するものとします。

（２）　次の①と②の場合の記録について考えます。①と②を比べて、記録が大きいのはどちらであるか、解答らんに①か②のどちらかを書きなさい。また、①と②のそれぞれの場合について**Ａ**方向とシートの面の**Ｎ**極や**Ｓ**極にふれて、記録の大きさにちがいがでる理由を説明しなさい。

①　**Ａ**方向が地面に垂直なシートに、**Ａ**方向が地面に平行なシートをつける。

②　**Ａ**方向が地面に平行なシートに、**Ａ**方向が地面に平行なシートをつける。

適性検査Ⅰ

注意

1 問題は 1 のみで、**6ページ**にわたって印刷してあります。

2 検査時間は**四十五分**で、終わりは**午前九時四十五分**です。

3 声を出して読んではいけません。

4 答えは全て解答用紙に明確に記入し、**解答用紙だけを提出しなさい。**

5 答えを直すときは、きれいに消してから、新しい答えを書きなさい。

6 **受検番号**を解答用紙の決められたらんに記入しなさい。

②

東京都立南多摩中等教育学校

1　次の文章を読み、あとの問題に答えなさい。
（＊印のついている言葉には本文のあとに〔注〕があります。）

サカナだって考えているはずだ。でも何を？　どのように？　どれぐらい複雑に？　どれぐらい深く？

感覚や運動も含《ふく》めて、脳《のう》のどのようなはたらきが「サカナの考え」を作り出しているのかを明らかにしたい。とは言うものの、正直なところ、研究はほとんど進んでいないと言ってよい。

サカナはヒトが理解できるような言語をもっていない。

「今、何を考えてそんなことをしたんですか」

などと聞くわけにはいかない。行動とか、＊感覚器とか、脳のつくりなんかから少しずつ解きほぐしていくことになる。

サカナがもっているしくみ、たとえばサカナの心の作られ方、を理解することは、人間の理解にもつながる。もちろん、サカナにはサカナなりの、ヒトにはヒトなりの心がある。その一方で、進化的に共通の祖先をもっている以上、基本的な、かつとても重要な部分で、心のしくみを共有しているのだ。

サカナたちが何を考えながら生活しているのかを想像することは、別の角度から人間を眺《なが》めることでもある。もちろん、わたしたちはサカナではない。だから、本当の意味で「サカナであるということはどういうことか」を理解（実感と言ったほうがよいか）するのは難《むずか》しい。

どうしても、＊擬人化《ぎじんか》を通じて理解に「近づく」しかない。

サカナに限らず、動物を研究するうえで、擬人化というのは一種の＊タブーとなっている。客観的でないというわけだ。でも、動物の心を理解しようとする試みを、擬人化なしで乗り切ろうというのはかえって無理があるのではないか。

だってわたしら人間だもの、人間の心身を通してしか物事を見ることはできない。

マグロそっくりに泳ぐロボットを作ったって、ナマズのヒゲの感覚を再現するプログラムを作ったって、結局は、それが「どんな感じか」を理解したがっているのは人間ですからね。

こう考えると、擬人化も全否定《ぜんひてい》されるべきものではないはずだ。もちろん、単なる当て推量《すいりょう》ではなく、科学的な事実を踏《ふ》まえたうえでの話だけれど。

サカナは水の中に棲《す》んでいるし、膨大《ぼうだい》な種類（２万５０００種を超《こ》える。哺乳類《ほにゅうるい》はその５分の１以下）が、それぞれの得意分野を活《い》かした生き方をしている。人間を基準にしたものさしでは測りきれない。

だからといって、あきらめる必要はない。さいわいわたしたちは想像し、共感するという優《すぐ》れた能力をもっている。

サカナたちが一体何を考えながら生活しているのかを想像してみたい。驚《おどろ》くべき能力と、もしかしたら豊かな内面的世界が広がっているかもしれない。

サカナは*概《がい》して臆病《おくびょう》である。

よく慣れたペット魚は別として、人が近づいたらさっと逃《に》げる。物《もの》陰《かげ》に潜《もぐ》り込《こ》んで、しばらく出てこない。

サカナに限らず、野生動物には、危《あぶ》ない（かもしれない）対象からの距離《きょり》に応じて、「安全圏《あんぜんけん》」「警戒圏《けいかいけん》」「逃避圏《とうひけん》」のような、警戒度《けいかいど》の程度が異《こと》なる範囲《はんい》がある。

安全圏なら、*捕食者《ほしょくしゃ》がいてものんびりエサを食べたりしている。しかし、ひとたび人間とかが警戒圏に入ってくると、一斉《いっせい》にそちらを向いて、いつでも反応《はんのう》できる体勢をとる。さらに接近して逃避圏に入ると、わっと逃げたり隠《かく》れたりする。

学生時代、わたしは瀬戸《せと》内の海の近くに住んでいた。瀬戸内海《せとないかい》には、いくらでも*素潜《すもぐ》りに適した海岸があるのだが、だいたい決まった場所に行く。K島の先端《せんたん》あたりがお気に入りであった。この海岸には大きな流木が打ち上げられていて、これが遠目には恐竜《きょうりゅう》のように見えた。わたしはここを勝手に恐竜海岸とよんでいた。その流木は今はもうない。

海岸は岩場で、いろんなサカナが泳いでいる。10センチメートルぐらいのメジナの子どもが群れをなしている。ゆっくり2メートルぐらいの距離まで近づくと、一斉にこちらを向く。

とぼけた正面顔がぎっしり並《なら》んでいる。噴《ふ》き出しそうになるが、海中で噴き出すとかなり危険《きけん》である。こらえつつもう少し近づくと、メジナたちは一斉に岩陰《いわかげ》に隠れる。

サカナが何かに注意を向ける時、背《せ》ビレ、腹《はら》ビレ、尻《しり》ビレを立て、胸《むな》ビレ、尾《お》ビレを広げて水中で静止する。対象がはっきりしていれば、これに*正対する。

これを定位反応《ていいはんのう》という。最大限の情報を得ようとする行動である。この時たいてい呼吸《こきゅう》がゆっくりになる。

人間でも、注意を向ける時は似たような状態になる。緊張《きんちょう》して、息を詰《つ》めてじっと見つめ、耳を澄《す》ます。

自分にとって脅威《きょうい》ではないと判断すれば、注意を解く。もしくは、好奇心《こうきしん》の強いサカナであれば、対象に接近してさらによく*吟味《ぎんみ》する。

サカナにも好奇心はある。ダイビングや釣《つ》りなどで、サカナをよく見る機会がある人たちはそれを疑《うたが》わない。でも、「サカナにだって好奇心はあるんです！」と声高《こわだか》に叫《さけ》んだところで、「気のせいでしょ」と言われればそれまでである。

それじゃあちゃんと測ってやろうじゃないの。

どうやって調べるかというと、まず1尾《び》のキンギョが入った大きめの水槽《すいそう》を用意する。この水槽の真ん中に、30分間だけ赤色の*ウキを浮《う》かべる。

これまで経験したことのない物体（新奇《しんき》物体と言う）に遭遇《そうぐう》したキンギョは、ウキに対して定位反応を示す。しばらくすると定位反応に続いてウキをつつき始める。ウキをつつくというのは、積極的な探索行動である。

ウキはただのプラスチックの玉だけど、初めて見るものなので、警《けい》戒《かい》しつつ探索する。よって、つつき回数は少ない（図 白丸）。これを毎日繰《く》り返すと、5日目には、ウキを浮かべた途端《とたん》に「おお、今日も来たか」というように盛《さか》んに定位反応とつつき行動を行うようになる。ただし、毎日同じことの繰り返しなので、ウキを浮かべてしばらくたつと注意を向けなくなる（図 黒丸）。

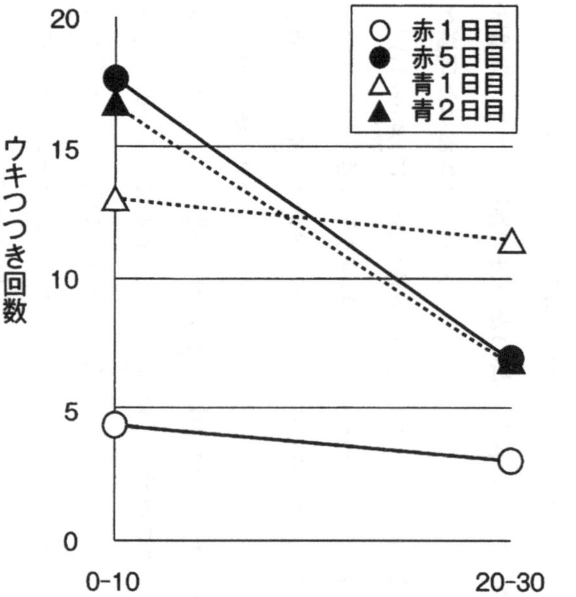

図　ウキを入れて最初の10分間(0–10)と最後の10分間(20–30)のつつき回数。キンギョ12尾《び》の平均。

これって、飽《あ》きちゃったってこと？

そこで、6日目には同じ形の青色のウキを浮かべてみた（キンギョにはちゃんと色がわかる）。すると、

「お、いつものと似ているけど、色が違《ちが》うぞ。特に警戒するほどでもなさそうだが、じっくり調べてやるか」

ということで、30分間頻繁《ひんぱん》につつき続ける（図 白三角）。

次の日にまた青いウキを浮かべると、「お、また青が来たか」というわけですぐにつつき始める。しかし、赤ウキの時と代わり映《ば》えがしないので、すぐに飽きてしまってつつかなくなる（図 黒三角）。

さて、この研究から何がわかったかというと、何のことはない、わたしたちが経験的に知っているサカナの行動を客観的・定量的に示したということだ。でもそれが難しい。

これをもって、サカナにも好奇心があると言ってよいだろうか。「好奇心」というと、それに基《もと》づく行動よりも、どちらかと言うと内面的な心のもちようを指す時に使われる。好奇心は「自発的な探索行動」の下敷《したじ》きになっている。先ほど紹介《しょうかい》したキンギョの行動は、わたしたち人間が「好奇心をもって」自発的に探索する行動と対応していると考えてよいだろう。だとすると、キンギョの探索行動は「サカナ的好奇心」の*発露《はつろ》と考えるのが自然ではなかろうか。

（吉田将之《よしだまさゆき》「魚だって考える」による）

〔注〕

感覚器――目は光、耳は音などいろいろなし激《げき》を感じ取る器官。
擬人化《ぎじんか》――人以外のものを人にたとえて言い表すこと。
タブー――してはならないこと。
概《がい》して――おおざっぱにいって。だいたい。
捕食者《ほしょくしゃ》――他の生物をつかまえて食べる生物。
素潜《すもぐ》り――せん水用の器械、器具などを用いずに水中にもぐること。
正対――真正面に向き合うこと。
吟味《ぎんみ》――よく調べること。
ウキ――魚をとる時につり糸につけて水にうかせ、目印にするもの。
発露《はつろ》――現れ出る状態のこと。

〈問題1〉　ウキに対して定位《ていい》反応《はんのう》を示す。とありますが、この時キンギョが取った行動とその目的を、四十字以内で説明しなさい。

　なお、、や。や「なども、それぞれ字数に数え、一ますめから書き始めること。

〈問題2〉　次の日にまた青いウキを浮《う》かべると、とありますが、さらに次の日にこの水そうに青いウキと同じ形の黄色のウキを浮かべるとします。本文中の調べた結果をもとに考えると、キンギョはどのような反応《はんのう》を示すと考えられますか。ただし、キンギョは黄色が見分けられるものとします。

(1)　キンギョの反応を表したグラフとして、あなたの考えと最も近いものを、次の**ア**から**エ**の中から一つ選び、記号で答えなさい。

(2)　(1)のように考えた理由を、四十五字以上五十五字以内で具体的に書きなさい。その際、「けいかい」という言葉を必ず使うこと。

　なお、、や。や「なども、それぞれ字数に数え、一ますめから書き始めること。

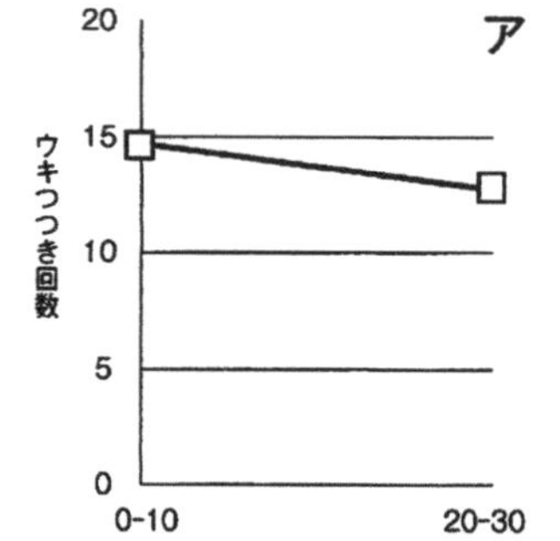

ウキを入れて最初の 10 分間 (0-10) と最後の 10 分間 (20-30) のつつき回数。キンギョ 12 尾《び》の平均。

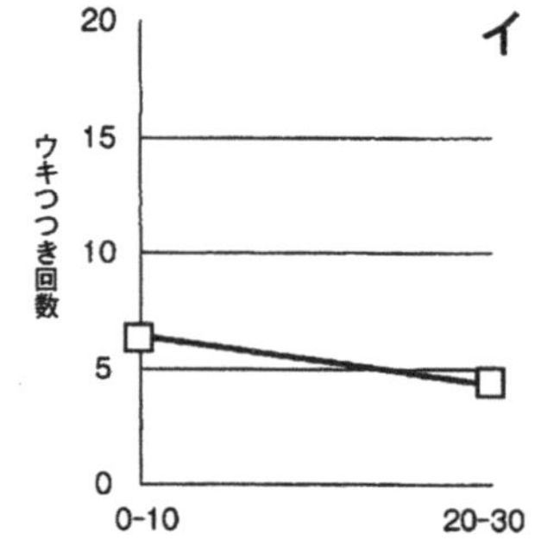

ウキを入れて最初の 10 分間 (0-10) と最後の 10 分間 (20-30) のつつき回数。キンギョ 12 尾《び》の平均。

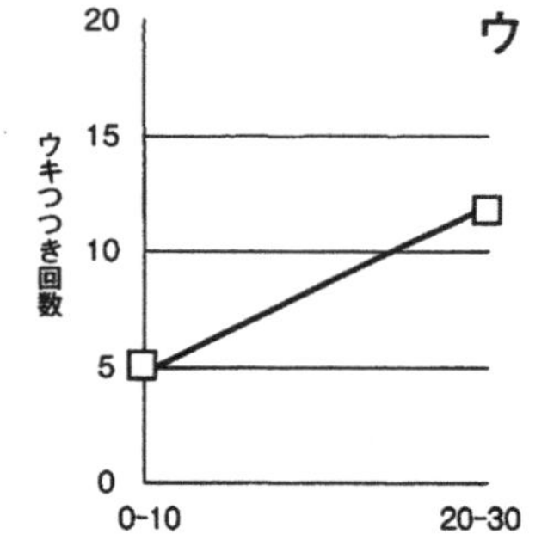

ウキを入れて最初の 10 分間 (0-10) と最後の 10 分間 (20-30) のつつき回数。キンギョ 12 尾《び》の平均。

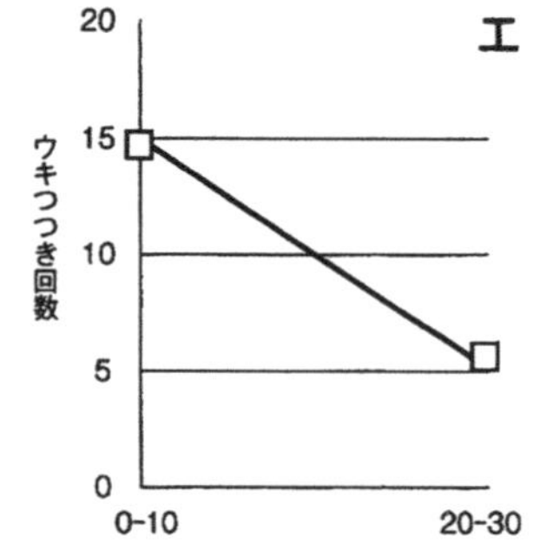

ウキを入れて最初の 10 分間 (0-10) と最後の 10 分間 (20-30) のつつき回数。キンギョ 12 尾《び》の平均。

〈問題3〉　筆者は「サカナの考え」に興味をもち、実際にサカナを用いて研究しています。このように、実際に行動することでわかることは多くあります。同じようにあなたが興味をもち、本やインターネットなどで得た知識をもとにして、実際に見たりふれたりしたことでより深く理解できたあなたの経験について、次の〈手順〉と〈きまり〉にしたがって、四百字以上五百字以内で書きなさい。

〈手順〉

1　あなたが興味をもったことを書く。

2　1に対して、本やインターネットなどを用いた調査でわかったことを書く。

3　1、2をもとにして、実際に見たりふれたりしたことで、あなたの理解がどのように深まったかを具体的に書く。

〈きまり〉

○題名は書きません。
○最初の行から書き始めます。
○各段落《かくだんらく》の最初の字は一字下げて書きます。
○行をかえるのは、段落をかえるときだけとします。
○、や。や」などもそれぞれ字数に数えます。これらの記号が行の先頭に来るときには、前の行の最後の字と同じますめに書きます。（ますめの下に書いてもかまいません。）
○。と」が続く場合には、同じますめに書いてもかまいません。この場合、。」で一字と数えます。
○段落をかえたときの残りのますめは、字数として数えます。
○最後の段落の残りのますめは、字数として数えません。

適性検査Ⅰ

注意

1 問題は **1** のみで、**4ページ**にわたって印刷してあります。

2 検査時間は**四十五分**で、終わりは**午前九時四十五分**です。

3 声を出して読んではいけません。

4 答えは全て解答用紙に明確に記入し、**解答用紙だけを提出しなさい。**

5 答えを直すときは、きれいに消してから、新しい答えを書きなさい。

6 **受検番号**を解答用紙の決められたらんに記入しなさい。

東京都立南多摩中等教育学校

㉛

適性検査Ⅱ

注　意

1　問題は 1 から 3 までで、１７ページにわたって印刷してあります。

2　検査時間は４５分で、終わりは**午前１１時００分**です。

3　声を出して読んではいけません。

4　計算が必要なときは、この問題用紙の余白を利用しなさい。

5　答えは全て解答用紙に明確に記入し、**解答用紙だけを提出しなさい。**

6　答えを直すときは、きれいに消してから、新しい答えを書きなさい。

7　**受検番号**を解答用紙の決められたらんに記入しなさい。

東京都立南多摩中等教育学校

1　**先生**、**花子**さん、**太郎**《たろう》さんが、校内の６年生と４年生との交流会に向けて話をしています。

先　生：今度、学校で４年生との交流会が開かれます。６年生５９人は、制作した作品を展示《てんじ》して見てもらいます。また、４年生といっしょにゲームをします。

花　子：楽しそうですね。私《わたし》たち６年生は、この交流会に向けて一人１枚《まい》画用紙に動物の絵をかいたので、それを見てもらうのですね。絵を展示する計画を立てましょう。

先　生：みんなが絵をかいたときに使った画用紙の辺の長さは、短い方が４０ｃｍ、長い方が５０ｃｍです。画用紙を横向きに使って絵をかいたものを横向きの画用紙、画用紙を縦向《たてむ》きに使って絵をかいたものを縦向きの画用紙とよぶことにします。

太　郎：**図１**の横向きの画用紙と、**図２**の縦向きの画用紙は、それぞれ何枚《なんまい》ずつあるか数えてみよう。

花　子：横向きの画用紙は３８枚あります。縦向きの画用紙は２１枚です。全部で５９枚ですね。

太　郎：先生、画用紙はどこにはればよいですか。

先　生：学校に、**図３**のような縦《たて》２ｍ、横１．４ｍのパネルがあるので、そこにはります。
絵はパネルの両面にはることができます。

花　子：分かりました。ところで、画用紙をはるときの約束はどうしますか。

先　生：作品が見やすいように、画用紙をはることができるとよいですね。昨年は、次の**〔約束〕**にしたがってはりました。

図１　横向きの画用紙

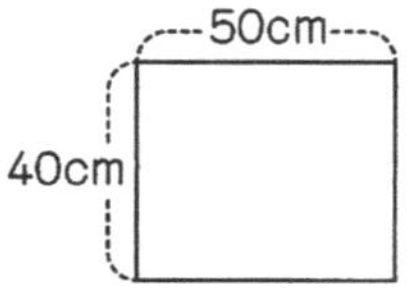

図２　縦向《たてむ》きの画用紙

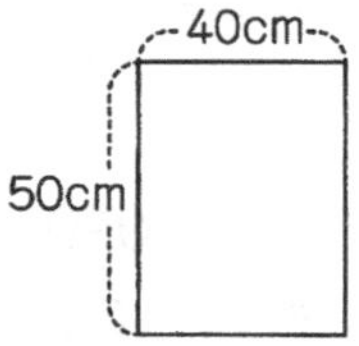

図３　パネル

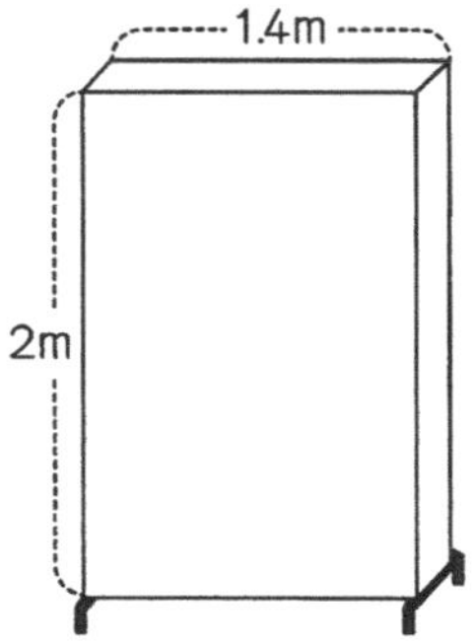

〔約束〕

(1) **図4**のように、画用紙はパネルの外にはみ出さないように、まっすぐにはる。

(2) パネルの一つの面について、どの行（横のならび）にも同じ枚数《まいすう》の画用紙をはる。また、どの列（縦《たて》のならび）にも同じ枚数の画用紙をはる。

(3) １台のパネルに、はる面は２面ある。一つの面には、横向きの画用紙と縦向きの画用紙を混ぜてはらないようにする。

(4) パネルの左右のはしと画用紙の間の長さを①、左の画用紙と右の画用紙の間の長さを②、パネルの上下のはしと画用紙の間の長さを③、上の画用紙と下の画用紙の間の長さを④とする。

図4　画用紙のはり方

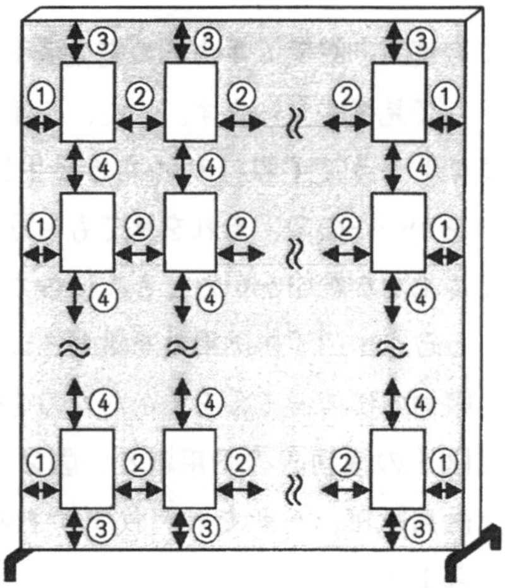

(5) 長さ①どうし、長さ②どうし、長さ③どうし、長さ④どうしはそれぞれ同じ長さとする。

(6) 長さ①～④はどれも５ｃｍ以上で、５の倍数の長さ（ｃｍ）とする。

(7) 長さ①～④は、面によって変えてもよい。

(8) 一つの面にはる画用紙の枚数は、面によって変えてもよい。

花　子：今年も、昨年の**〔約束〕**と同じように、パネルにはることにしましょう。

太　郎：そうだね。例えば、**図2**の縦向きの画用紙６枚を、パネルの一つの面にはってみよう。いろいろなはり方がありそうですね。

〔問題１〕 **〔約束〕**にしたがって、**図3**のパネルの一つの面に、**図2**で示した縦《たて》向《む》きの画用紙６枚《まい》をはるとき、あなたなら、はるときの長さ①～④をそれぞれ何ｃｍにしますか。

花　子：次に、６年生の作品の、横向きの画用紙３８枚と、縦向きの画用紙２１枚のはり方を考えていきましょう。

太　郎：横向きの画用紙をパネルにはるときも、**〔約束〕**にしたがってはればよいですね。

花　子：先生、パネルは何台ありますか。

先　生：全部で８台あります。しかし、交流会のときと同じ時期に、５年生もパネルを使うので、交流会で使うパネルの台数はなるべく少ないほうがよいですね。

太　郎：パネルの台数を最も少なくするために、パネルの面にどのように画用紙をはればよいか考えましょう。

〔問題２〕**〔約束〕**にしたがって、６年生の作品５９枚をはるとき、パネルの台数が最も少なくなるときのはり方について考えます。そのときのパネルの台数を答えなさい。

　また、その理由を、それぞれのパネルの面に、どの向きの画用紙を何枚ずつはるか具体的に示し、文章で説明しなさい。なお、長さ①～④については説明しなくてよい。

先　生：次は４年生といっしょに取り組むゲームを考えていきましょう。何かアイデアはありますか。

花　子：はい。図画工作の授業で、**図５**のような玉に竹ひごをさした立体を作りました。

この立体を使って、何かゲームができるとよいですね。

太　郎：授業のあと、この立体を使ったゲームを考えていたのですが、しょうかいしてもいいですか。

図５　玉に竹ひごをさした立体

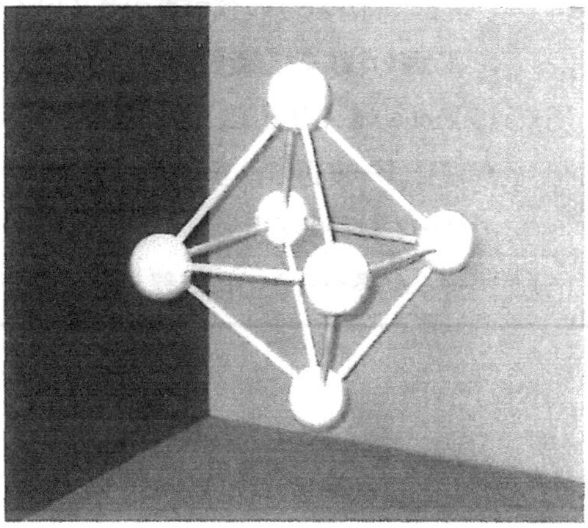

花　子： 太郎さんは、どんなゲームを考えたのですか。

太　郎： **図6**のように、6個の玉に、**あ**から**か**まで一つずつ記号を書きます。また、１２本の竹ひごに、0、1、2、3の数を書きます。**あ**からスタートして、サイコロをふって出た目の数によって進んでいくゲームです。

花　子： サイコロには**1**、**2**、**3**、**4**、**5**、**6** の目がありますが、竹ひごに書いた数は0、1、2、3です。どのように進むのですか。

太　郎： それでは、ゲームの〔**ルール**〕を説明します。

図6　記号と数を書いた立体

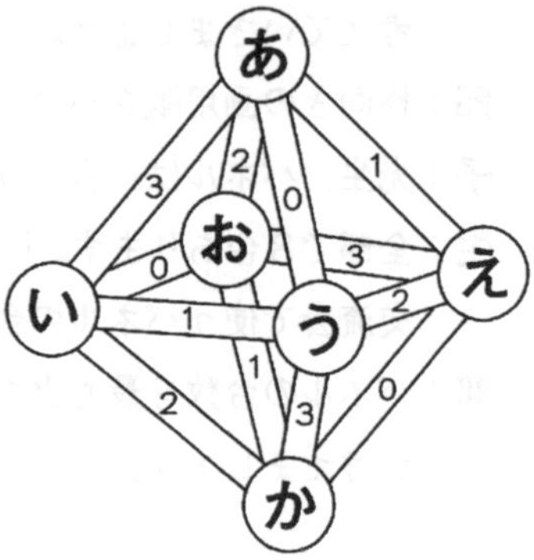

〔**ルール**〕

(1)　**あ**をスタート地点とする。

(2)　六つある面に、**1**～**6**の目があるサイコロを1回ふる。

(3)　(2)で出た目の数に２０を足し、その数を４で割《わ》ったときの余りの数を求める。

(4)　(3)で求めた余りの数が書かれている竹ひごを通り、次の玉へ進む。また、竹ひごに書かれた数を記録する。

(5)　(2)～(4)をくり返し、**か**に着いたらゲームは終わる。
ただし、一度通った玉にもどるような目が出たときには、先に進まずに、その時点でゲームは終わる。

(6)　ゲームが終わるまでに記録した数の合計が得点となる。

太　郎：例えば、サイコロをふって出た目が**1**、**3** の順のとき、**あ→え→お**と進みます。その次に出た目が**5**のときは、**か**に進み、ゲームは終わります。そのときの得点は５点となります。

花　子：**5**ではなく、**6**の目が出たときはどうなるのですか。

太　郎：そのときは、**あ**にもどることになるので、先に進まずに、**お**でゲームは終わります。得点は４点となります。それでは、３人でやってみましょう。

まず私がやってみます。サイコロをふって出た目は、**1**、**3**、**4**、**5**、**3** の順だったので、サイコロを５回ふって、ゲームは終わりました。得点は８点でした。

先　生：私がサイコロをふって出た目は、**1**、**2**、**5**、**1** の順だったので、サイコロを４回ふって、ゲームは終わりました。得点は［　ア　］点でした。

花　子：最後に私がやってみます。

サイコロをふって出た目は、［　イ、ウ、エ、オ　］の順だったので、サイコロを４回ふって、ゲームは終わりました。得点は７点でした。３人のうちでは、太郎さんの得点が一番高くなりますね。

先　生：では、これを交流会のゲームにしましょうか。

花　子：はい。太郎さんがしょうかいしたゲームがよいと思います。

太　郎：ありがとうございます。交流会では、４年生と６年生で協力してできるとよいですね。４年生が楽しめるように、準備していきましょう。

〔問題３〕**〔ルール〕**と会話から考えられる［　ア　］に入る数を答えなさい。また、［　イ、ウ、エ、オ　］にあてはまるものとして考えられるサイコロの目の数を答えなさい。

2 **花子**さんと**太郎《たろう》**さんは、図書室でバスについて**先生**と話をしています。

花　子：昨日、バスに乗ってとなりの駅に行ったとき、たくさんのバスが行き来していましたよ。

太　郎：たくさんのバスがあるということは、行き先がちがっていたり、バスの種類もいろいろあったりするのでしょうか。バスの種類や台数はどれぐらいあるのでしょう。

花　子：バスのことについて、調べてみましょう。

花子さんと太郎さんは、次の資料（**図1**、**図2**、**表1**）を見つけました。

図1　日本国内の乗合《のりあい》バスの合計台数の移り変わり

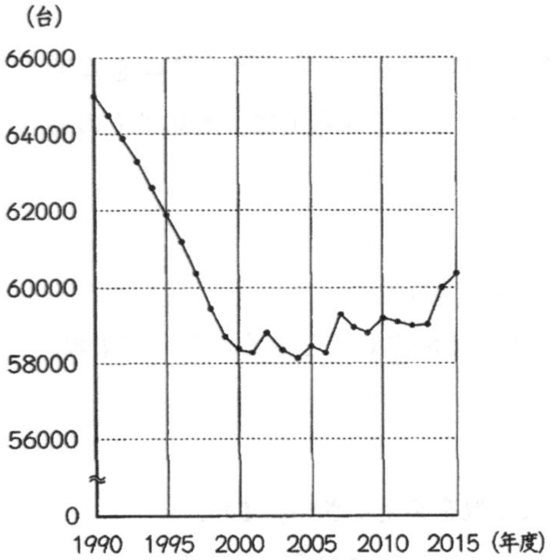

図2　日本国内の乗合バスが１年間に実際に走行したきょりの移り変わり

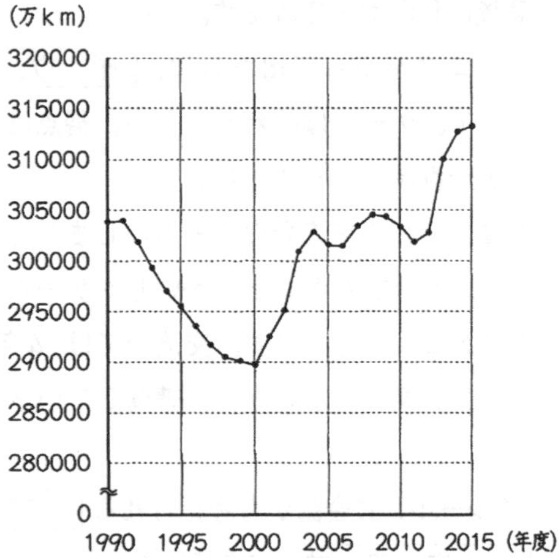

（公益社団法人日本バス協会「２０１８年度版（平成３０年度）日本のバス事業」より作成）

太　郎：資料に書いてある乗合《のりあい》バスとは、どんなバスのことですか。

先　生：バスの種類は大きく分けて、乗合バスと、貸切《かしきり》バスがあります。決められた経路を時刻表《じこくひょう》に従《したが》って走るバスは、乗客の一人一人が料金をはらいます。このようなバスを乗合バスといいます。６年生の校外学習などでは、学校でいらいをしたバスで見学コースをまわってもらいましたね。このようなバスを貸切バスといいます。

表1　乗合《のりあい》バスに関する主な出来事

	主な出来事
１９９５ （平成７）年度	●　東京都武蔵野市《むさしのし》で、地域《ちいき》の人たちの多様な願いにこまやかに応えるため、新しいバスサービス「コミュニティバス」の運行を開始した。
１９９６ （平成８）年度	●　都営バスなどがノンステップバスの導入を開始した。
１９９７ （平成９）年度	●　国がオムニバスタウン事業を開始した。（オムニバスタウン事業とは、全国から１４都市を指定し、バス交通を活用して、安全で豊かな暮《く》らしやすいまちづくりを国が支えんする制度のこと。）
２００１ （平成１３）年度	●　バスの営業を新たに開始したり、新たな路線を開設したりしやすくするなど、国の制度が改められた。また、利用そく進等のため、割引運賃《わりびきうんちん》の導入などのサービス改善《かいぜん》がはかられた。
２００６ （平成１８）年度	●　貸切《かしきり》バスで運行していた市町村のバスのサービスを、乗合《のりあい》バスでの運行と認《みと》めることや、コミュニティバスでは地域の意見を取り入れて運賃の設定ができるようにすることなど、国の制度が改められた。
２０１２ （平成２４）年度	●　都営バスの全車両がノンステップバスとなった。

（「国土交通白書」や「都営バスホームページ」などより作成）

花　子：コミュニティバスは小型のバスで、私《わたし》たちの地域《ちいき》でも走っていますね。

先　生：１９９５（平成７）年度以降《いこう》、コミュニティバスを導入する地域が増えて、２０１６（平成２８）年度には、全国の約８０％の市町村で、コミュニティバスが運行されているという報告もあります。小型のコミュニティバスは、せまい道路を走ることができるという長所があります。

太　郎：ノンステップバスとは、出入口に段差《だんさ》がないバスのことですね。

先　生：**図１**や**図２**の資料からどんなことが分かりますか。

花　子：１９９０年度から２０００年度までは、どちらの資料も減少を示していますね。

太　郎：２００１年度以降の変化も考えてみましょう。

〔問題１〕　１９９０年度から２０００年度までにかけて減少していた乗合バスの合計台数や１年間に実際に走行したきょりと比べて、２００１年度から２０１５年度にかけてどのような移り変わりの様子がみられるか、**図１**と**図２**のどちらかを選び、その図から分かる移り変わりの様子について、**表１**と関連付けて、あなたの考えを書きなさい。

太　郎：先日、祖父が最近のバスは乗りやすくなったと言っていたのだけれども、最近のバスは何か変化があるのでしょうか。

先　生：２０１２（平成２４）年度に都営バスの全車両がノンステップバスになったように、日本全国でもノンステップバスの車両が増えてきています。

花　子：私が昨日乗ったのもノンステップバスでした。

太　郎：**図３**の資料を見ると、車内に手すりがたくさんあるようですね。

先　生：ノンステップバスが増えてきた理由について、**表２**の資料をもとに考えてみましょう。

図３　乗合バスの様子

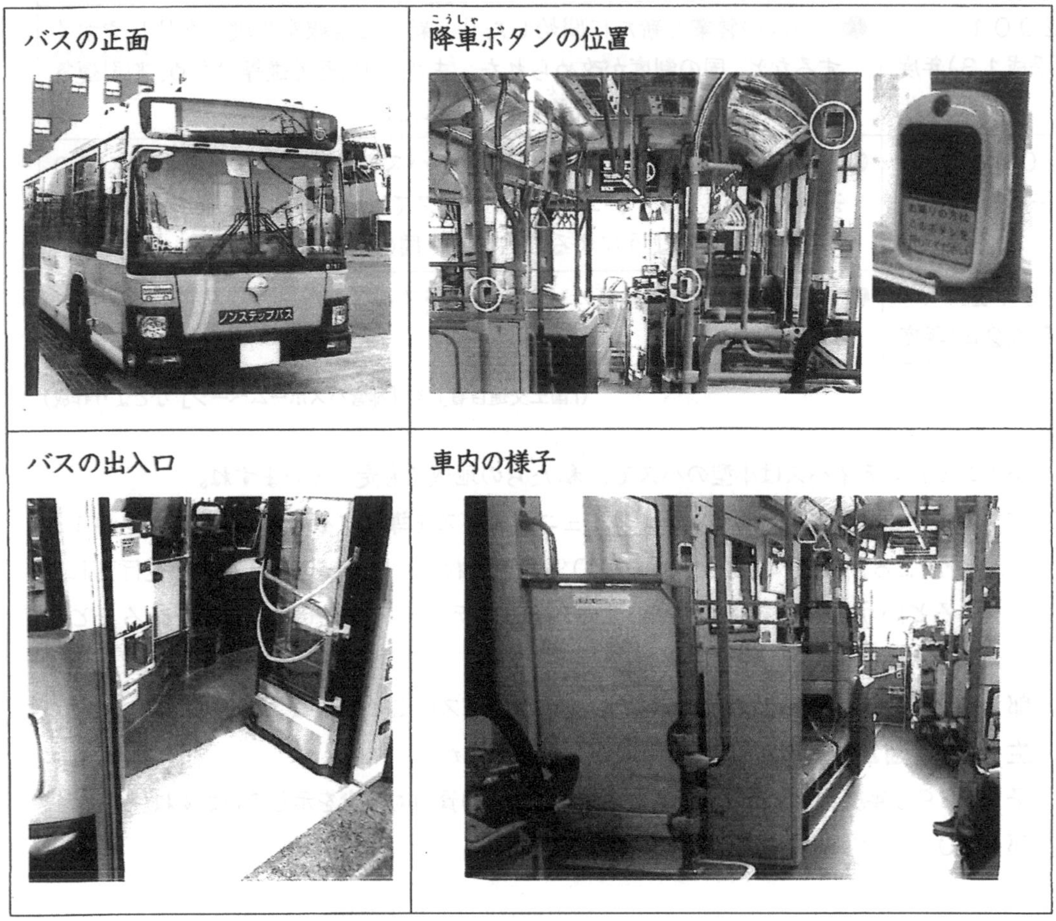

解答用紙　適性検査Ⅰ

1

（問題1）　15点

20　40

（問題2）　25点

(1)

(2)

20　40　45　55

（問題3）　60点

100

※100点満点

受検番号

得点
※

※のらんは、記入しないこと

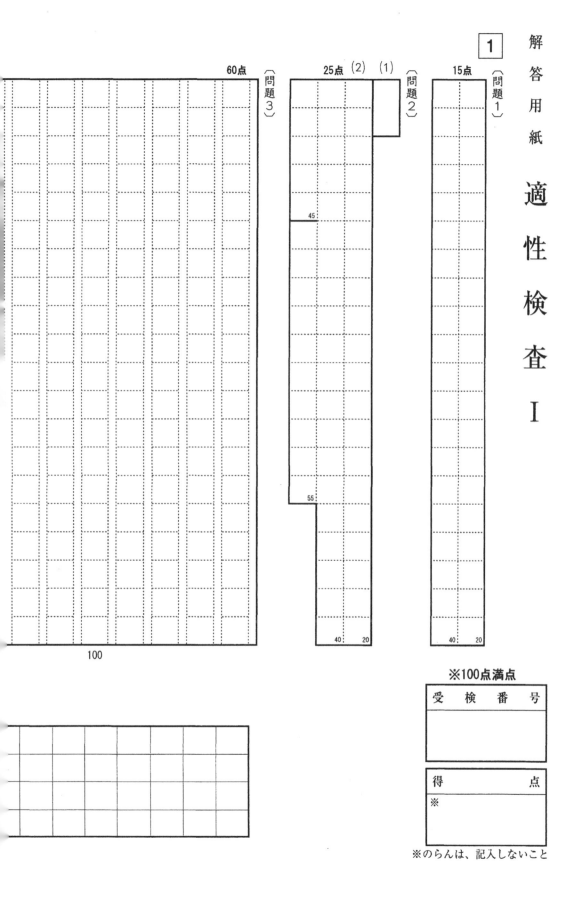

解 答 用 紙　適 性 検 査 Ⅱ

※100点満点

受 検 番 号

得 点
※

※のらんには何も書かないこと

1

〔問題１〕　８点

①	②	③	④
ｃｍ	ｃｍ	ｃｍ	ｃｍ

※

〔問題２〕　10点

〔必要なパネルの台数〕
台

〔説明〕

※

〔問題３〕　12点

〔ア に入る数〕
点

〔イ に入る数〕	〔ウ に入る数〕	〔エ に入る数〕	〔オ に入る数〕

※

2

〔問題１〕　10点

〔選んだ図〕

〔あなたの考え〕

※

〔問題２〕　8点

〔設計の工夫《くふう》〕（選んだ二つをそれぞれ◯で囲みなさい。）

出入口の高さ　　手すりの素材　　ゆかの素材　　降車《こうしゃ》ボタンの位置

車いすスペースの設置　　フリースペースの設置　　固定ベルトの設置

優先席《ゆうせんせき》の配置

〔期待されている役割《やくわり》〕

※

〔問題３〕　12点

〔課題〕

〔あなたの考え〕

※

3

〔問題1〕　8点

〔選んだプロペラ〕

〔示す値《あたい》のちがい〕　　g

※

〔問題2〕　20点

（1）〔モーター〕　　〔プロペラ〕

（2）〔選んだ予想〕　　の予想

〔予想が正しくなる場合〕　ありません　・　ありません

〔理由〕

※

〔問題3〕　12点

（1）

（2）

※

（2　南多摩）

500

400

300

200

この中には何も書かないこと

表2　２０１５（平成２７）年度以降《いこう》のノンステップバスの標準的な設計の工夫《くふう》の一部

・出入口の高さ	・車いすスペースの設置
・手すりの素材	・フリースペースの設置
・ゆかの素材	・固定ベルトの設置
・降車《こうしゃ》ボタンの位置	・優先席《ゆうせんせき》の配置

（公益社団法人日本バス協会「２０１８年度版（平成３０年度）日本のバス事業」より作成）

花　子： ノンステップバスは、いろいろな人が利用しやすいように、設計が工夫《くふう》されているようですね。

太　郎： このような工夫にはどのような役割《やくわり》が期待されているのでしょうか。

〔問題２〕　太郎さんが「このような工夫にはどのような役割《やくわり》が期待されているのでしょうか。」と言っています。**表2**から設計の工夫を二つ選び、その二つの工夫に共通する役割として、どのようなことが期待されているか、あなたの考えを書きなさい。

太　郎：バスの車両は、いろいろな人が利用しやすいように、工夫したつくりになっていることが分かりました。バスの車両以外にも、何か工夫があるのでしょうか。

花　子：私は、路面に「バス優先《ゆうせん》」と書かれた道路を見たことがあります。２車線の道路のうち、一方の道路には「バス優先」と書かれていました。

先　生：一般《いっぱん》の自動車も通行できますが、乗合バスが接近してきたときには、「バス優先」と書かれた車線から出て、道をゆずらなければいけないというきまりがあります。バス以外の一般の自動車の運転手の協力が必要ですね。

太　郎：**図４**のような資料がありました。この資料の説明には、「このシステムがある場所では、乗合バスからの信号を受信する通信機が設置されています。この通信機が乗合バスからの信号を感知すると、乗合バスの通過する時刻《じこく》を予測して、バスの進行方向の青信号が点灯している時間を長くしたり、赤信号の点灯している時間を短くしたりするなど、乗合バスが通過しやすくしています。」と書いてあります。この仕組みのことを「公共車両優先システム」というそうです。

図４　公共車両優先《ゆうせん》システム

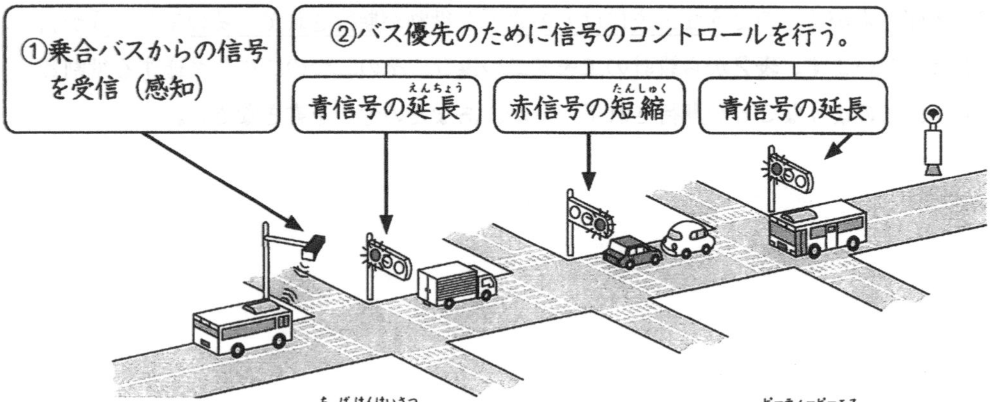

（千葉《ちば》県警察《けんけいさつ》ホームページ「新交通管理システム・ＰＴＰＳ《ピーティーピーエス》調査報告」より作成）

先　生：「公共車両優先システム」は、乗合バスを常に青信号で通過させるための仕組みではありませんが、バスの信号待ちの時間を短くする効果があります。また、花子さんが見た「バス優先」の車線とあわせて利用されている場所もあるようです。

花　子：この仕組みがある場所では、バスが通過するときと、通過しないときとでは、青信号や赤信号の点灯時間が変わるというのはおもしろいですね。この仕組みがある場所では、実際にどのような変化がみられたのでしょうか。

先　生：ここに、**図５**、**図６**、**図７**の三つの資料があります。

図５　公共車両優先システムが導入された区間

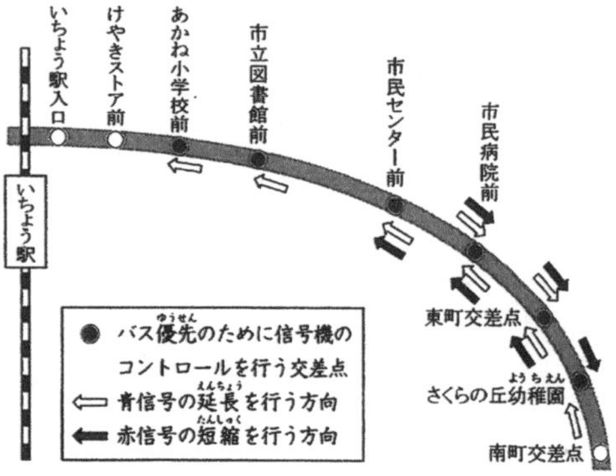

（千葉県警察ホームページ「新交通管理システム・ＰＴＰＳ調査報告」より作成）

図6　調査した区間のバスの平均運行時間

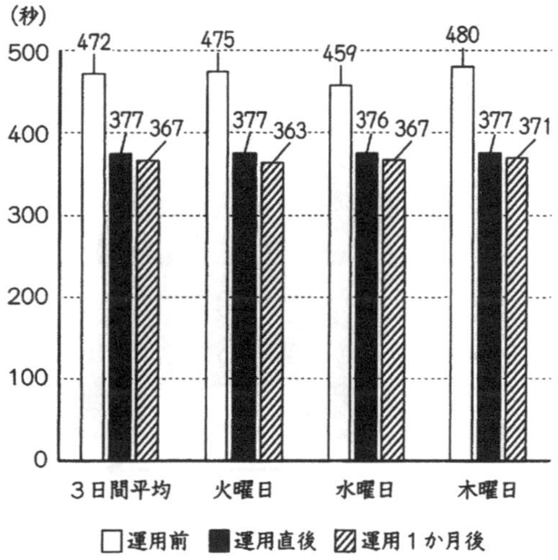

図7　時刻表《じこくひょう》に対するバスの運行状きょう
（7分間の所要時間の経路を8分以内で
運行した割合《わりあい》）

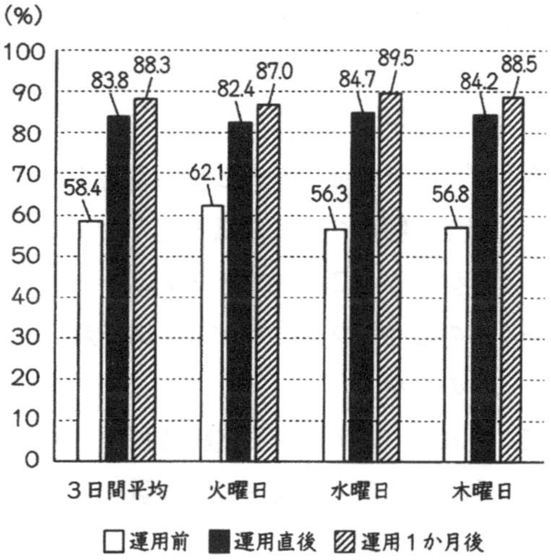

（千葉県警察ホームページ「新交通管理システム・PTPS調査報告」より作成）

太　郎：**図6**で、「公共車両優先システム」の運用前と運用後を比べると、調査した区間をバスで移動するときに、かかる時間が短縮《たんしゅく》されたようですね。

花　子：バスの時刻表に対しても、ほぼ時間どおりに運行しているようです。

太　郎：時間どおりにバスが運行してくれると便利だから、この仕組みをまだ導入していない地域があったら、導入していけばよいですね。

花　子：先生の話や、**図4～図7**の資料からは、「バス優先」の車線や「公共車両優先システム」がこのままでよいとはいえないと思います。

〔問題3〕　花子さんは、「先生の話や、**図4～図7**の資料からは、「バス優先」の車線や「公共車両優先システム」がこのままでよいとはいえないと思います。」と言っています。あなたは、「バス優先」の車線や「公共車両優先システム」にどのような課題があると考えますか。また、その課題をどのように解決すればよいか、あなたの考えを書きなさい。

3 **花子**さん、**太郎**《たろう》さん、**先生**が車の模型《もけい》について話をしています。

花　子：モーターで走る車の模型を作りたいな。

太　郎：プロペラを使って車の模型を作ることができますか。

先　生：プロペラとモーターとかん電池を組み合わせて、**図1**のように風を起こして走る車の模型を作ることができます。

花　子：どのようなプロペラがよく風を起こしているのかな。

太　郎：それについて調べる実験はありますか。

先　生：電子てんびんを使って、**実験1**で調べることができます。

花　子：**実験1**は、どのようなものですか。

先　生：まず、**図2**のように台に固定したモーターを用意します。それを電子てんびんではかります。

太　郎：はかったら、５４．１gになりました。

先　生：次に、**図3**のようにスイッチがついたかん電池ボックスにかん電池を入れます。それを電子てんびんではかります。

花　子：これは、４８．６gでした。

先　生：さらに、プロペラを**図2**の台に固定したモーターにつけ、そのモーターに**図3**のボックスに入ったかん電池をつなげます。それらを電子てんびんではかります。その後、電子てんびんにのせたままの状態でスイッチを入れると、プロペラが回り、電子てんびんの示す値《あたい》が変わります。ちがいが大きいほど、風を多く起こしているといえます。

太　郎：**表1**の**A**～**D**の４種類のプロペラを使って、**実験1**をやってみましょう。

図1　風を起こして走る車の模型《もけい》

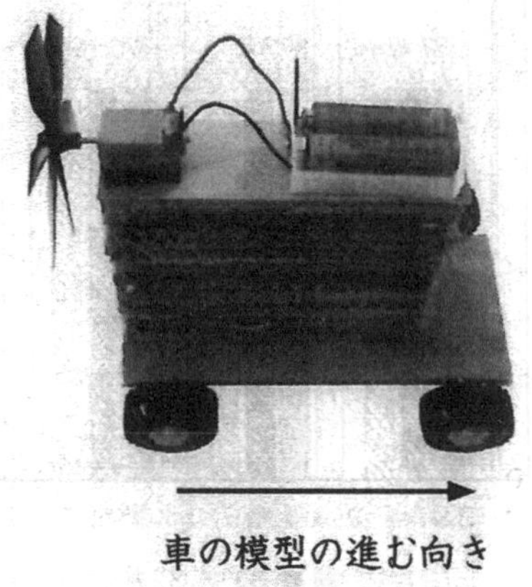

図2　台に固定したモーター

図3　ボックスに入ったかん電池

表１　４種類のプロペラ

	A	B	C	D
プロペラ				
中心から羽根のはしまでの長さ（ｃｍ）	５．４	４．９	４．２	２．９
重さ（ｇ）	７．５	２．７	３．３	４．２

　スイッチを入れてプロペラが回っていたときの電子てんびんの示す値は、**表２**のようになりました。

表２　プロペラが回っていたときの電子てんびんの示す値《あたい》

プロペラ	A	B	C	D
電子てんびんの示す値《あたい》（ｇ）	１２３．５	１２３．２	１２０．９	１１１．８

〔問題１〕　**表１**の**A**～**D**のプロペラのうちから一つ選び、そのプロペラが止まっていたときに比べて、回っていたときの電子てんびんの示す値《あたい》は何ｇちがうか求めなさい。

花　子：図1の車の模型から、モーターの種類やプロペラの種類の組み合わせをかえて、**図4**のような車の模型を作ると、速さはどうなるのかな。

太　郎：どのようなプロペラを使っても、①モーターが軽くなればなるほど、速く走ると思うよ。

花　子：どのようなモーターを使っても、②プロペラの中心から羽根のはしまでの長さが長くなればなるほど、速く走ると思うよ。

図4　車の模型

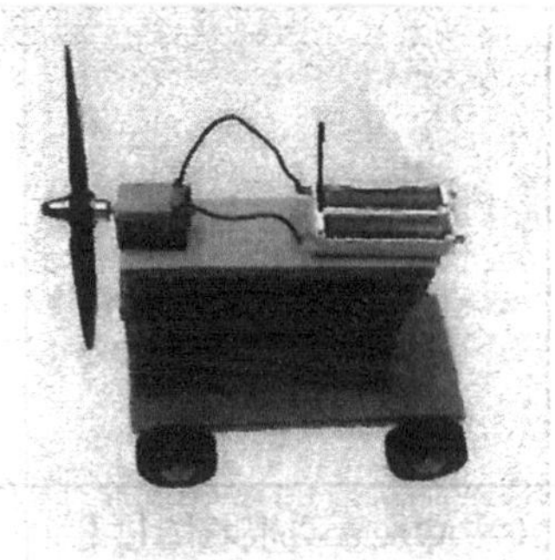

太　郎：どのように調べたらよいですか。

先　生：表3の**ア**～**エ**の４種類のモーターと、**表4**の**E**～**H**の４種類のプロペラを用意して、次のような**実験2**を行います。まず、モーターとプロペラを一つずつ選び、**図4**のような車の模型を作ります。そして、それを体育館で走らせ、走り始めてから、５m地点と１０m地点の間を走りぬけるのにかかる時間をストップウォッチではかります。

表3　４種類のモーター

	ア	イ	ウ	エ
モーター				
重さ（g）	１８	２１	３０	４４

表4　４種類のプロペラ

	E	F	G	H
プロペラ				
中心から羽根のはしまでの長さ（cm）	４．０	５．３	５．８	９．０

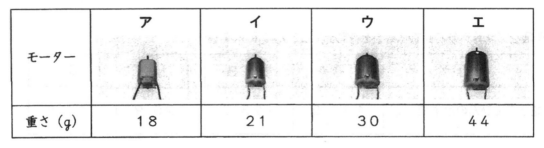

花　子：モーターとプロペラの組み合わせをいろいろかえて、**実験２**をやってみましょう。

実験２で走りぬけるのにかかった時間は、**表５**のようになりました。

表５　５ｍ地点から１０ｍ地点まで走りぬけるのにかかった時間（秒）

		モーター			
		ア	**イ**	**ウ**	**エ**
プロペラ	**E**	３．８	３．１	３．６	７．５
	F	３．３	２．９	３．２	５．２
	G	３．８	３．１	３．１	３．９
	H	４．８	４．０	２．８	４．８

〔問題２〕（１）　**表５**において、車の模型が最も速かったときのモーターとプロペラの組み合わせを書きなさい。

（２）　**表５**から、①の予想か②の予想が正しくなる場合があるかどうかを考えます。

太郎さんは、「①モーターが軽くなればなるほど、速く走ると思うよ。」と予想しました。①の予想が正しくなるプロペラは**E**～**H**の中にありますか。

花子さんは、「②プロペラの中心から羽根のはしまでの長さが長くなればなるほど、速く走ると思うよ。」と予想しました。②の予想が正しくなるモーターは**ア**～**エ**の中にありますか。

①の予想と②の予想のどちらかを選んで解答らんに書き、その予想が正しくなる場合があるかどうか、解答らんの「あります」か「ありません」のどちらかを丸で囲みなさい。また、そのように判断した理由を説明しなさい。

太　郎：モーターとプロペラを使わずに、ほを立てた車に風を当てると、動くよね。

花　子：風を車のななめ前から当てたときでも、車が前に動くことはないのかな。調べる方法は何かありますか。

先　生：**図5**のようにレールと車輪を使い、長方形の車の土台を動きやすくします。そして、**図6**のように、ほとして使う三角柱を用意します。次に、車の土台の上に**図6**の三角柱を立てて、**図7**のようにドライヤーの冷風を当てると、車の動きを調べることができます。

太　郎：車の動きを調べてみましょう。

二人は先生のアドバイスを受けながら、次のような1～4の手順で**実験3**をしました。

1　工作用紙で**図6**の三角柱を作る。その三角柱の側面が車の土台と垂直《すいちょく》になるように底面を固定し、車を作る。そして、車をレールにのせる。

2　**図8**のように、三角柱の底面の最も長い辺のある方を車の後ろとする。また、真上から見て、車の土台の長い辺に対してドライヤーの風を当てる角度を(あ)とする。さらに、車の土台の短い辺と、三角柱の底面の最も長い辺との間の角度を(い)とする。

3　(あ)が20°になるようにドライヤーを固定し、(い)を10°から70°まで10°ずつ変え、三角柱に風を当てたときの車の動きを調べる。

4　(あ)を30°から80°まで10°ごとに固定し、(い)を手順3のように変えて車の動きを調べる。

実験3の結果を、車が前に動いたときには○、後ろに動いたときには×、3秒間風を当てても動かなかったときには△という記号を用いてまとめると、**表6**のようになりました。

図5　レールと車輪と車の土台

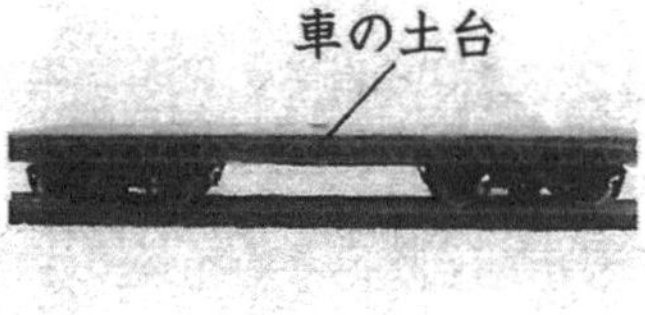

図6　ほとして使う三角柱

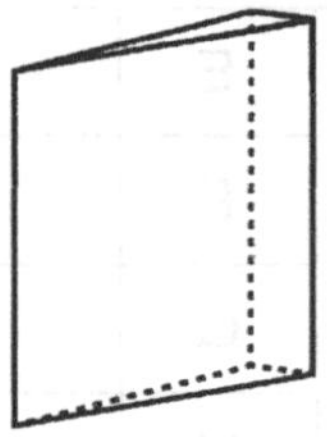

図7　車とドライヤー

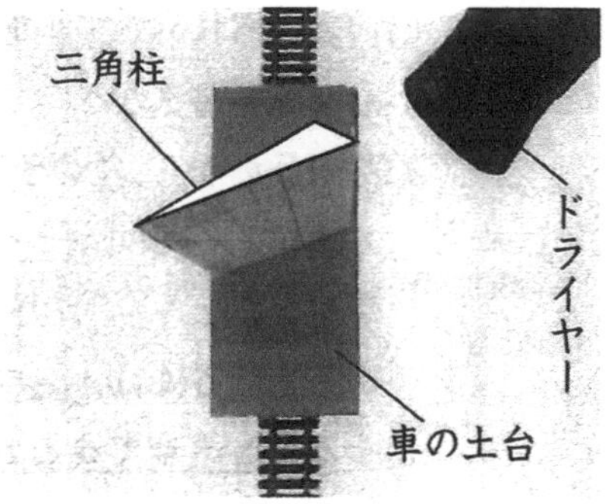

図8　**実験3**を真上から表した図

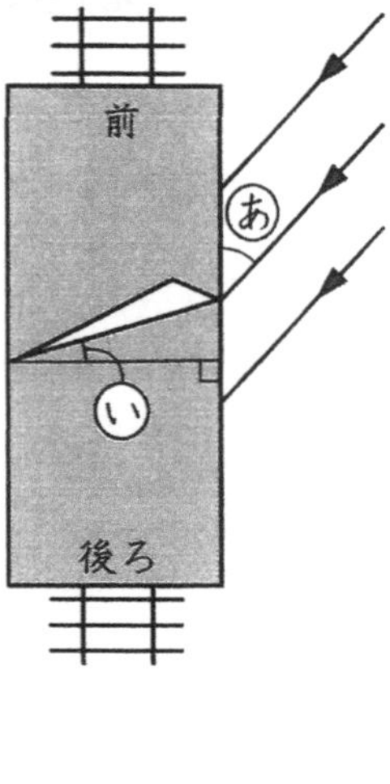

表6　**実験3**の結果

		(い)						
		10°	20°	30°	40°	50°	60°	70°
(あ)	20°	×	×	×	×	×	×	×
	30°	×	×	×	×	×	×	×
	40°	×	×	×	×	△	△	△
	50°	×	×	×	△	○	○	○
	60°	×	×	△	○	○	○	○
	70°	×	△	○	○	○	○	○
	80°	△	○	○	○	○	○	○

花　子：風をななめ前から当てたときでも、車が前に動く場合があったね。

太　郎：車が前に動く条件は、どのようなことに注目したら分かりますか。

先　生：(あ)と(い)の和に注目するとよいです。

花　子：表7の空らんに、○か×か△のいずれかの記号を入れてまとめてみよう。

表7　車の動き

		(あ)と(い)の和					
		60°	70°	80°	90°	100°	110°
(あ)	20°						
	30°						
	40°						
	50°						
	60°		★				
	70°						
	80°						

〔問題3〕（1）　**表7**の★に当てはまる記号を○か×か△の中から一つ選び、書きなさい。

（2）　**実験3**の結果から、風をななめ前から当てたときに車が前に動く条件を、あなたが作成した**表7**をふまえて説明しなさい。

問題は次のページからです。

1 次の文章は、画家である安野光雅《あんのみつまさ》さんが書いたものです。これを読んで、あとの問題に答えなさい。（＊印の付いている言葉には、本文のあとに〔注〕があります。）

人の意見にまどわされないようにするためには、どんなことにも、心が動かされない頑丈《がんじょう》な地点に立って、つまり人がどうであろうと、自分はあわてない、という堂々とした考えかたが必要になります。

(1)テレビでこういっていた、新聞にこう書いてあった、などと、自分の意見はなく、ただただ人のいうことを本気にするだけというのは良くないと思います。

「自分で考える」ことは、前向きの姿勢《しせい》の第一歩です。自分でやろうという気持ちが大事だと、わたしは思っています。

以前、あるサイン会でこんなことがありました。

絵を描《か》いている人から、小さい声で「どんな鉛筆《えんぴつ》を使っているんですか。紙は何ですか？」と聞かれました。そのときわたしは「いくらでも教えるけれども、わたしに聞かないほうがいいのにな、自分で見つけた方が勉強になるのになあ」と思いました。

自分の考えで責任を持ってものごとに取りくめば、たとえ失敗したり、間違《まちが》ったりしたとしても、改めることができます。

自分で考え、判断することの中から、これはほんとう、これは嘘《うそ》、とものごとを見極《みきわ》めていけるようになりたいと思うのです。「学問」とは、何がほんとうか、何が嘘かを判断していく、そのためにあるのだともいえます。

「自分の考え」がなくなってきている、ということは困《こま》ったことで、「自分の考え」がないと、無責任になってしまいます。人の意見に振《ふ》りまわされたり、まどわされたりして過ごすようでは、おもしろくない生きかたになってしまいます。

わたしは、街から街、国から国へと、ときに迷いながら旅をして、スケッチをしてきました。その場で腰《こし》をおろして絵を描いていると、その絵がうまくいかなくても、何とも心豊かな時間が過ぎていきます。そして、不思議なことに、同じ時間をかけていても、普段《ふだん》よりもたくさんの絵が描けます。そこに立っている木に、何を感じて描くか。そのことで絵は違《ちが》ったものになるのだろうと思っています。

実際にスケッチをした場所は、写真で見た場所よりも、ずっと心に残るものです。写真を見て絵を描くことはできますが、わたしの場合、その写真に似た絵は描けても、実物を見て描いたものとはどこか違ってきます。人と会ったときがいい例で、写真で見た感じと、実際に会った感じが違うことがあるのと同じだろうと思います。

＊デカルトは、あらゆる本を読みつくしたあと、旅に出ました。実際に世の中に入って、世間と交わって、さまざまなことを学びとっていこうとしたのです。偶然《ぐうぜん》かどうかわかりませんが、建築家の安藤忠雄《あんどうただお》さんもたくさんの本を読みおえ、旅に出ています。そして、「自分でいろいろなことをつかみとっていく。そして実際のものから勉強をする。それが学びである」といっていました。

わたしは本を読むことをすすめていますが、できるのであれば、本を読むのと同時に、旅に出るといいと思っています。＊物見遊山《ものみゆさん》もいいけれど、(2)本が語っている「ほんものの様子」を、実際に見にいったらいいと思うのです。

わたしも、ほんものを見てよかったなと思ったことがあります。

ヒエロニムス・ボスは、オランダ出身の画家で、＊ピーテル・ブリューゲルはボスの影響《えいきょう》を受けたといわれています（影響を受ける、といういいかたは嫌《きら》いですが）。ボスの絵がどうしても見たくなり、スペインまで行きました。

ボスの絵はそんなにたくさんは残っていませんが、三連の＊祭壇画《さいだんが》があって（「快楽の園《その》」プラド美術館蔵《ぞう》）、それがすごくおもしろい。現代の作家もあのような絵を描けばいいのに、と思うほどです。

魚に足がはえていたり、魚の口から人の足が出ていたり。デッサン的にはおかしいものもあるのですが、それがおもしろくて、見にいってよかったと思いました。

ボスのような細かいところまで描いた絵は、むしろ画集の方が、細部までよく見えるのではないかといわれるけれど、ほんものの絵を見ると、どうやって描いたんだろうと思うほど、その丁寧《ていねい》な、描く過程の積みかさねのようなところが見えてきたり、画集ではわからない雰囲気《ふんいき》が、直接伝わってきたりします。

もちろん、ほんものの絵でも、ちょっと見ただけでは「きれいな色の絵だな」というくらいにしか見えないかもしれません。けれども、もっとよく見ると、目に見えるものだけでなく、絵で描かれている人の気持ちや、やりとりの様子や、いろいろな話題が想像できます。そして、さらに絵を描いた人、画家の気持ちも想像できるのです。もちろん想像の域《いき》を出ませんが、わたしは絵を見るとき、いつもそんなことを考えています。

子どもたちに、本を読んでもらいたい、と先に書きましたが、どのような年代の人でも、本を読んでもらいたいと思っています。本を読まない人たちに、本を読んでもらえるよう、いろいろ書いてみたりしているのですが、これはなかなか難《むずか》しいことです。

本を読むことは、心の体操《たいそう》だと思っています。本を読んで「心を磨《みが》き、鍛《きた》え、心が満ち足りること」は、心の中を美しくします。

本を読まないでも、生きていけます。でも、本を読んで生きた人は、同じ十年生きていても、二十年も三十年も生きたことになります。本にもいろいろありますが、多くの本には勉強し、苦労し、発見した先人がのこしたことが書いてあります。

本を書くとき、人は漠然《ばくぜん》と書くのではなく、言葉にする段階《だんかい》でよく考えています。それが、本をすすめる理由のひとつです。本はその著者《ちょしゃ》が責任を持って、発言していると、デカルトもいっています。

本が読まれなくなったことは、文明の変化ともいえますが、わかりやすくいえば、テレビや、スマートフォンの持つ手軽なおもしろさに押《お》されてしまったのだと思います。テレビは積極的に「おもしろさ」をわたしたちにさしだし、「おもしろがらせて」くれます。それに対して、本は、「自分で読む」ということをしなければ「おもしろさ」がわかりません。そして、こちらから積極的に働きかけなければ、何もしてくれない、という違いがあります。

テレビや映画《えいが》は、受け身で見ることができます。特にテレビは、視聴者《しちょうしゃ》をできるだけたくさん集めようとするので、見る人があまり考えないでも楽にわかる、あるいは知ることができるように作られています。

一方、「本を読む」ということは、文字で書かれた場面や時間の経過を、自分自身でつかんでいくことになります。

もちろん、テレビや映画でも台本は「本」ですから、ディレクターや、監督《かんとく》など、制作者はそれがなくては仕事ができません。けれども見る方は、その「本」を制作者が調理したものを見ています。

本は、自分が行こうとしなければだれも連れていってはくれません。それと比べて、テレビはつけてしまえば、勝手に情報がやってくるので、自分でその道をたどらなくても、最後まで連れていってくれます。その意味で本とテレビとは比べて考えるものではないのかもしれません。

そもそも本は、ひとつの道を自分でたどりながら読み、内容が理解できていく、そのことがおもしろいのです。

「本を読む」ことと、「自分で考える」ことはつながっていると思います。

(3)「本を読むことは、自分の考えかたを育てること」です。とにかく、子どもたちには、自分で考えるくせをつけてほしいと思います。だれか偉《えら》い人がいっていたからとか、テレビでいっていたからとか、判断を他人に任せるようではつまらないではありませんか。でも、自分で考えるためには、日頃《ひごろ》の訓練が必要です。頭がやわらかいうちに、たくさん本を読んで、世の中にはいろんな考えかたがあることを知りたいものです。

（安野光雅《あんのみつまさ》「かんがえる子ども」福音館書店による）

〔注〕

デカルト——フランスの哲学者《てつがくしゃ》。

物見遊山《ものみゆさん》——あちこちを見物して回ること。

ピーテル・ブリューゲル——オランダの画家。

祭壇画《さいだんが》——教会に飾《かざ》る絵。

〔問題１〕

(1)テレビでこういっていた、新聞にこう書いてあった、などと、自分の意見はなく、ただただ人のいうことを本気にするだけというのは良くないと思います。とありますが、テレビや新聞の情報に対してどうするのが良いと筆者は言っているでしょうか。二十字以上二十五字以内で書きなさい。

なお、、や。や「なども、それぞれ字数に数え、一ますめから書き始めること。

〈問題２〉

（２）本が語っている「ほんものの様子」を、実際に見にいったらいいと思うのです。とありますが、それはなぜでしょうか。本文の内容にそって二十字以上二十五字以内で説明しなさい。

なお、、や。や「なども、それぞれ字数に数え、一ますめから書き始めること。

〈問題３〉

（３）「本を読むことは、自分の考えかたを育てること」と筆者は言っていますが、それはなぜでしょうか。また、本を読むこと以外で「自分の考えかたを育てる」にはどうしたらよいでしょうか。次の〈**手順**〉と〈**きまり**〉にしたがって、四百字以上五百字以内で説明しなさい。

〈**手順**〉

1　なぜ「本を読むことは、自分の考えかたを育てること」になるのか、本文の内容にそって理由を書く。

2　１で書いたことをふまえ、本を読むこと以外で「自分の考えかたを育てる」にはどうしたらよいか、あなたの体験をもとにして、あなたの考えを書く。

〈**きまり**〉

○最初の行から書き始める。
○各段落《だんらく》の最初の字は一字下げて書く。
○段落をかえたときの残りのますめは字数として数える。
○、や。や「なども、それぞれ字数に数える。ただし、。と」は同じますに入れ、一字と数える。

適性検査Ⅱ

注　　意

1　問題は［1］から［3］までで、**１８ページ**にわたって印刷してあります。

2　検査時間は**４５分**で、終わりは**午前１１時００分**です。

3　声を出して読んではいけません。

4　計算が必要なときは、この問題用紙の余白を利用しなさい。

5　答えは全て解答用紙に明確に記入し、**解答用紙だけを提出しなさい。**

6　答えを直すときは、きれいに消してから、新しい答えを書きなさい。

7　**受検番号**を解答用紙の決められたらんに記入しなさい。

東京都立南多摩中等教育学校

問題を解くときに、問題用紙や解答用紙、ティッシュペーパーなどを実際に折ったり切ったりしてはいけません。

1　**先生**、**太郎**《たろう》さん、**花子**さんが、学校生活最後のお楽しみ会の準備をしています。

先　生：お楽しみ会では、クラスのみなさんでできる遊びを行いましょう。遊び方をしおりにまとめて、クラスのみなさんに配ろうと思います。１枚《まい》の紙の片面《かためん》から左とじのしおり（**図１**）を作りましょう。

図１　左とじのしおり

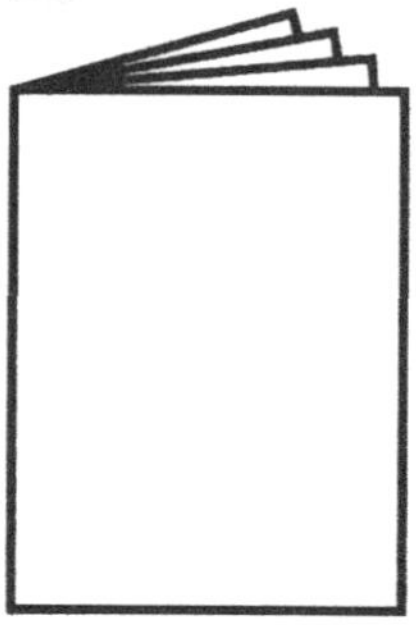

太　郎：１枚の紙の片面からしおりを作ることができるのですか。

花　子：しおりの作り方（**図２**）によると、１枚の紙を ----- で折り、━━━━ を切って、折りたたむと、しおりを作ることができるみたいよ。

図２　しおりの作り方

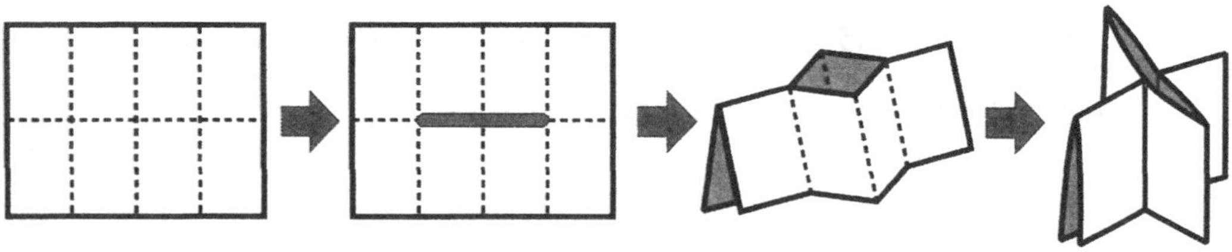

先　生：お楽しみ会では二つの遊びを行います。しおりができたら、表紙を１ページとして、最初の遊びの説明を２ページから４ページに、次の遊びの説明を５ページから７ページにのせましょう。８ページは裏表紙《うらびょうし》になります。

太　郎：折りたたみ方によって、しおりの表紙がくる位置や５ページがくる位置が変わってくるね。

花　子：それに、文字の上下の向きも変わってくるね。しおりにしたときにすべてのページの文字の向きがそろうように書かないといけないね。

先　生：そうですね。では、１枚の紙を折りたたみ、しおりにする前の状態（**図３**）で、しおりの表紙や５ページがどの位置にくるのか、またそれぞれ上下どの向きで文字を書けばよいのかを下書き用の用紙に書いて確かめておきましょう。

〔問題１〕　１枚の紙を折りたたみ、左とじのしおり（**図１**）を作るとき、しおりの表紙と５ページは、しおりにする前の状態（**図３**）ではどの位置にくるのでしょうか。また、それぞれ上下どちらの向きで文字を書けばよいですか。

解答用紙の図の中に、表紙の位置には「表」という文字を、５ページの位置には「五」という文字を**図４**のように文字の上下の向きも考え、書き入れなさい。

図３　しおりにする前の状態

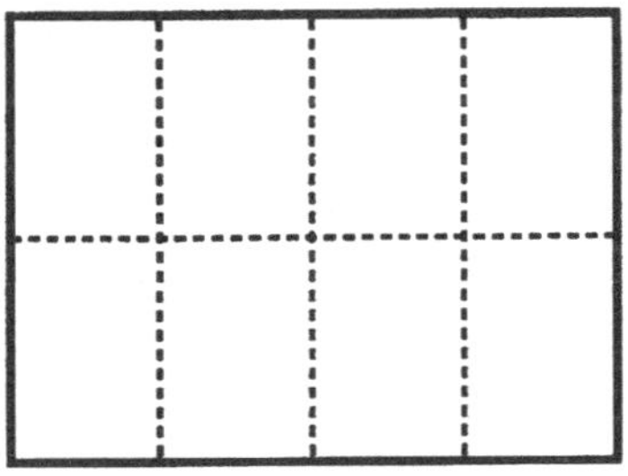

図４　文字の書き方

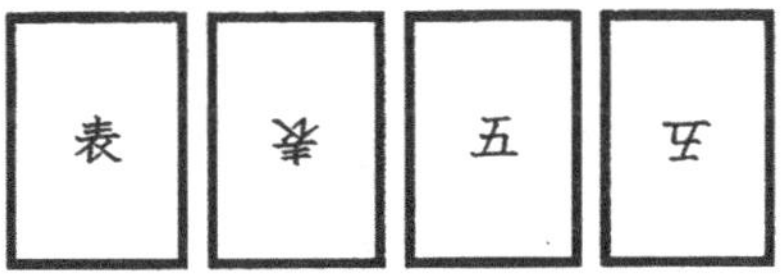

先　生：しおりの２ページから４ページには、「白と黒の２色でぬられた模様《もよう》を漢字や数字で相手に伝える遊び方」の説明をのせます。

花　子：どのような遊びですか。

先　生：例えば、伝える人は模様（**図5**）を漢字で表現（**図6**）します。答える人は、伝えられた表現から模様を当てるという遊びです。横の並《なら》びを「行」といい、縦《たて》の並びを「列」といいます。

図5　白と黒の２色でぬられた模様《もよう》

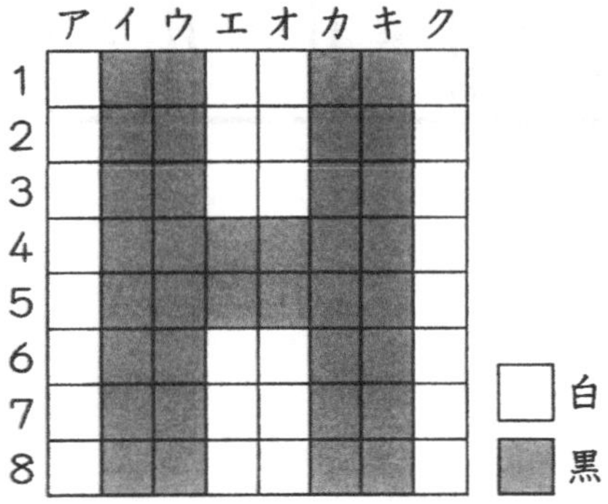

図6　漢字で表現した模様

	ア	イ	ウ	エ	オ	カ	キ	ク
1	白	黒	黒	白	白	黒	黒	白
2	白	黒	黒	白	白	黒	黒	白
3	白	黒	黒	白	白	黒	黒	白
4	白	黒	黒	黒	黒	黒	黒	白
5	白	黒	黒	黒	黒	黒	黒	白
6	白	黒	黒	白	白	黒	黒	白
7	白	黒	黒	白	白	黒	黒	白
8	白	黒	黒	白	白	黒	黒	白

太　郎：全部で６４個の漢字を使って模様を表現していますね。６４個も答える人に伝えるのは大変ではないでしょうか。

先　生：そうですね。ではここで、数字も取り入れて、１行ずつ考えていくと（約束１）、より少ない漢字と数字の個数で模様を表現することができますよ。

約束１

①上から１行ごとに、左から順にますの漢字を見る。
②漢字が白から始まるときは「白」、黒から始まるときは「黒」と最初だけ漢字を書く。
③白または黒の漢字が続く個数を数字で書く。

花　子：**図6**の模様については、１行めは白から始まるから、最初の漢字は「白」になりますね。左から白が１個、黒が２個、白が２個、黒が２個、白が１個だから、

白１２２２１

という表現になります。漢字と数字を合わせて６個の文字で表現できますね。２行めと３行めも１行めと同じ表現になりますね。

先　生：そうですね。４行めと５行めは、白から始まり、白が１個、黒が６個、白が１個ですから、

白１６１

という表現になります。

太　郎：６行めから８行めも１行めと同じ表現になりますね。そうすると、漢字と数字を合わせて４４個の文字で**図６**の模様を表現できました(**図７**)。約束１ を使うと**図６**よりも２０個も文字を少なくできましたね。漢字と数字の合計の個数をもっと少なくすることはできないのかな。

先　生：別の約束を使うこともできますよ。今度は、１列ずつ考えていきます（約束２）。

図７　約束１ を使った表現

白１２２２１
白１２２２１
白１２２２１
白１６１
白１６１
白１２２２１
白１２２２１
白１２２２１

約束２

①ア列から１列ごとに、上から順にますの漢字を見る。
②文字が白から始まるときは「白」、黒から始まるときは「黒」と最初だけ漢字を書く。
③白または黒の漢字が続く個数を数字で書く。

花　子：**図６**の模様については、**図８**のように表現できるから、漢字と数字を合わせて２０個の文字で模様を表現できました。約束１ に比べて 約束２ を使ったほうが、２４個も文字を少なくできましたね。
伝える人は、約束２ を使って答える人に模様を伝えるのがよいと思います。

図８　約束２ を使った表現

白	黒	黒	白	白	黒	黒	白
８	８	８	３	３	８	８	８
			２	２			
			３	３			

先　生：どのような模様であっても 約束２ で表現するのがよいのでしょうか。 別の模様でも考えてみましょう。

〔問題２〕　**図９**はある模様を 約束１ で表現したものです。この模様を 約束２ で表現したとき、漢字と数字の合計の個数がいくつになるのかを答えなさい。
　また、約束１ と 約束２ のどちらを使ったほうが表現する漢字と数字の合計の個数が少なくできるのか答えなさい。さらに、少なくできる理由を説明しなさい。考えるときに**図１０**を使ってもよい。

図９　約束１ を使った表現

白８
黒７１
黒１７
白１１６
白２１５
白１１６
黒１７
黒８

図１０

	ア	イ	ウ	エ	オ	カ	キ	ク
１								
２								
３								
４								
５								
６								
７								
８								

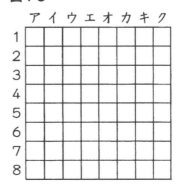

先　生：しおりの５ページから７ページには、**図１１**のような「磁石《じしゃく》がついているおもちゃ（てんとう虫型）を鉄製の箱の表面で動かす遊び方」の説明をのせます。
図１２のように鉄製の箱の表面にはますがかかれていて、使う面は前面と上面と右面だけです。

図１１

図１２

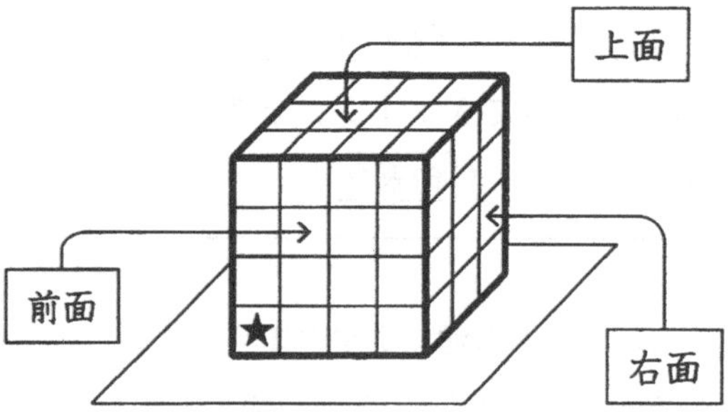

太　郎：どのような遊びですか。

先　生：表１にあるカードを使って、「★」の位置から目的の位置まで、指定されたカードの枚数でちょうど着くようにおもちゃを動かす遊びです。最初に、おもちゃを置く向きを決めます。次に、おもちゃを動かすカードの並べ方を考えます。同じカードを何枚使ってもかまいませんし、使わないカードがあってもかまいません。では、まずはカードの枚数を気にしないでやってみましょう。例えば、目的の位置を「う」の位置とします（**図１３**）。**表１**をよく読んで、おもちゃの動かし方を考えてみてください。

表1

カード番号	カード	おもちゃの動かし方
①		同じ面で１ます前に動かす
②		同じ面で２ます前に動かす
③		そのままで右に９０度回転させる
④		そのままで左に９０度回転させる
⑤		面を変えながら１ます前に動かす

図１３

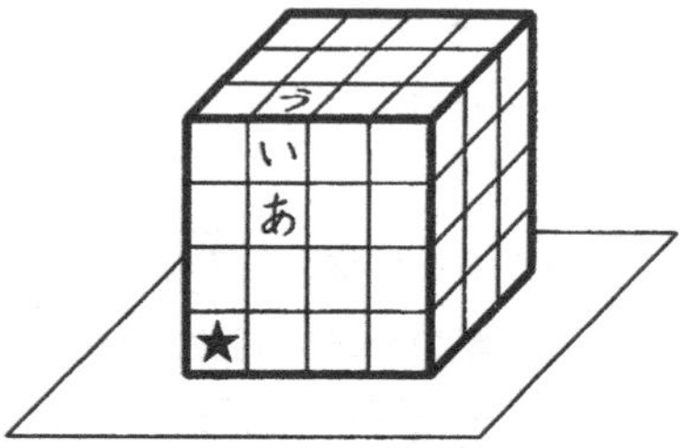

太　郎：私《わたし》は、最初におもちゃを**図１４**のように置いて、このように考えました。

図１４

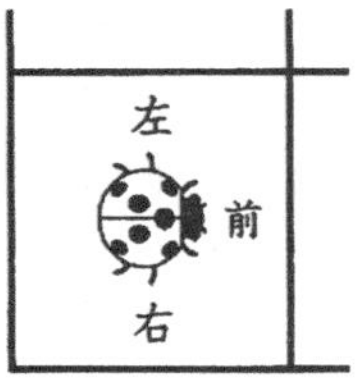

（カード番号　①　④　②　①　⑤　）

先　生： そうですね。「あ」の位置でまずのカードを使って「い」の位置に動かし、それからのカードを使って面を変えながら１ます前に動かすことで「う」の位置にたどりつきます。

花　子： 私は、最初におもちゃを**図１５**のように置いて、このように考えました。

図１５

（カード番号　②　①　③　①　④　⑤　）

先　生： そうですね。花子さんの並べ方では、「い」の位置でまずのカードを使っておもちゃの向きを変え、それからのカードを使って面を変えながら１ます前に動かすことで「う」の位置にたどりつきます。

花　子： お楽しみ会ではカードの枚数を指定して遊びましょう。

太　郎： お楽しみ会の日が待ち遠しいですね。

〔問題３〕 **図１６**のように「★」の位置から「え」の位置を必ず通るようにして、「お」の位置までおもちゃを動かします。**表１**のカードを１０枚使って、おもちゃを動かすとき、使うカードの種類とカードの並《なら》べ方を考えなさい。

最初に、「★」の位置に置くおもちゃの向きを**図１７**から選び、解答用紙の（　）内に○をつけなさい。

次に、おもちゃを動かすカードの並べ方を、**表１**にある①から⑤のカード番号を使って左から順に書きなさい。

図１６

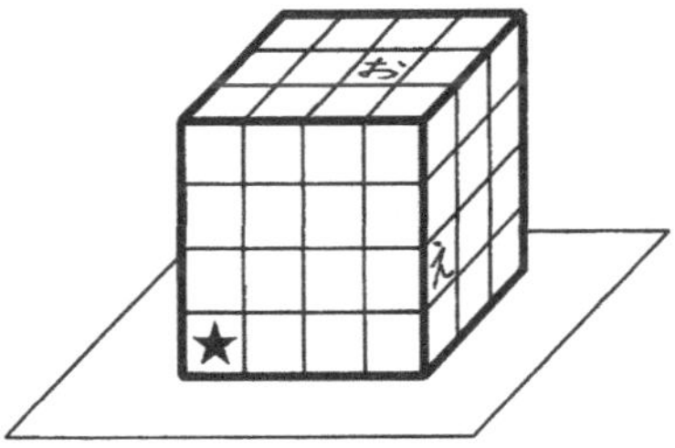

図１７

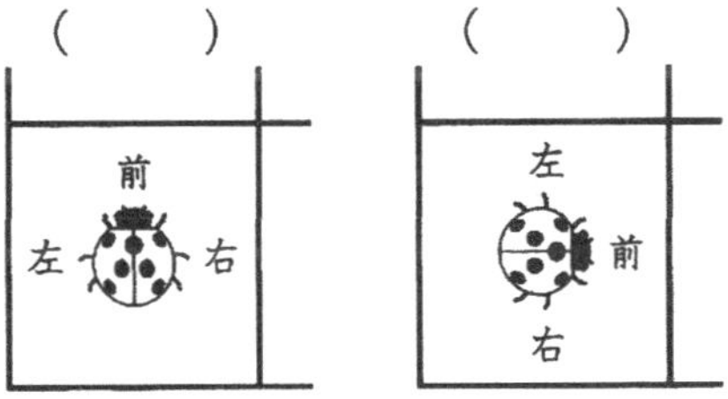

2 校外学習で昼食時におとずれた都立公園で**花子**さんと**太郎《たろう》**さんが、外国人旅行者について話をしています。

花　子：都立公園には外国人が大勢見学におとずれているね。

太　郎：先生も、最近は日本をおとずれる外国人の数が増えていると言っていたよ。

花　子：日本をおとずれる外国人の数はいつごろから多くなってきたのかな。

太　郎：私《わたし》たちが生まれたころと比べて、どのくらい増えているのだろうか。

花　子：日本をおとずれる外国人の数の変化を調べてみようよ。

太　郎：国外に行く日本人もたくさんいるだろうから、日本をおとずれる外国人の数と比べてみるのもおもしろそうだよ。校外学習から帰ったら、調べてみよう。

花子さんと太郎さんは、校外学習の後、図書館に行き、次の資料（**図1**）を見つけました。

図1　日本人の出国者数と、日本への外国人の入国者数の移り変わり

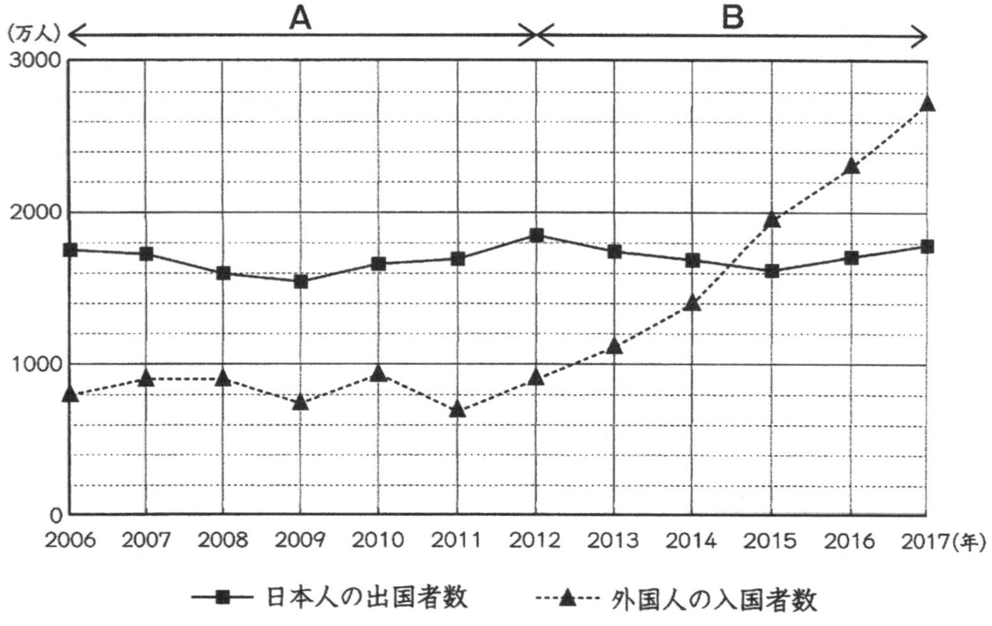

（法務省の資料より作成）

花　子：2006（平成18）年から2012（平成24）年までの間（**図1**の**A**の期間）では、　（あ）　。2012（平成24）年は日本人の出国者数は、外国人の入国者数の約　（い）　倍であることが分かるね。

太　郎：2012（平成24）年から2017（平成29）年までの間（**図1**の**B**の期間）では、　（う）　。外国人の入国者数は、2017（平成29）年には2012（平成24）年と比べて約　（え）　倍になっていることが分かるね。

〔問題１〕　花子さんと太郎さんは、**図１**をもとに日本人の出国者数と、日本への外国人の入国者数を比べて、それぞれの変化のようすについて話し合っています。二人の会話中の　（あ）　から　（え）　の空らんのうち　（あ）　と　（う）　には当てはまる文を、　（い）　と　（え）　には当てはまる整数を答えなさい。

花　子：観光を目的として日本をおとずれる外国人旅行者について、調べてみようよ。

太　郎：日本をおとずれる外国人旅行者について、こんな資料（**図２**）があったよ。この資料の「延《の》べ宿はく者数」は、例えば一人が２はくした場合を２として数えているよ。

図２　外国人旅行者の延《の》べ宿はく者数の移り変わり

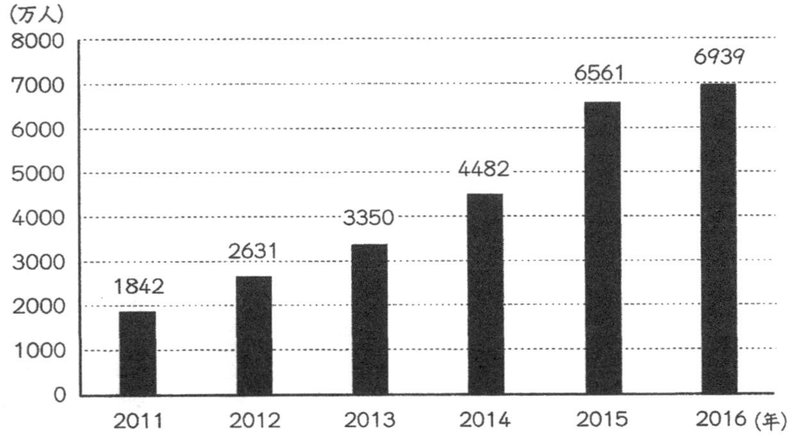

（観光庁《かんこうちょう》「宿泊《しゅくはく》旅行統計調査」より作成）

太　郎：外国人旅行者の延べ宿はく者数が2011（平成23）年には約1842万人だったのに対し、2016（平成28）年には約6939万人になっていて、約４倍に増えていることが分かるね。

花　子：日本のどのような地域《ちいき》で外国人旅行者の延べ宿はく者数が増えているのかな。

太　郎：こんな資料（**図３**）があったよ。これは、長野県松本市《ながのけんまつもとし》、岐阜県高山市《ぎふけんたかやまし》、和歌山県《わかやまけん》西牟婁郡白浜町《にしむろぐんしらはまちょう》という三つの地域における外国人旅行者の延べ宿はく者数の移り変わりを示しているよ。

図3　三つの地域《ちいき》の外国人旅行者の延べ宿はく者数の移り変わり

長野県松本市《ながのけんまつもとし》

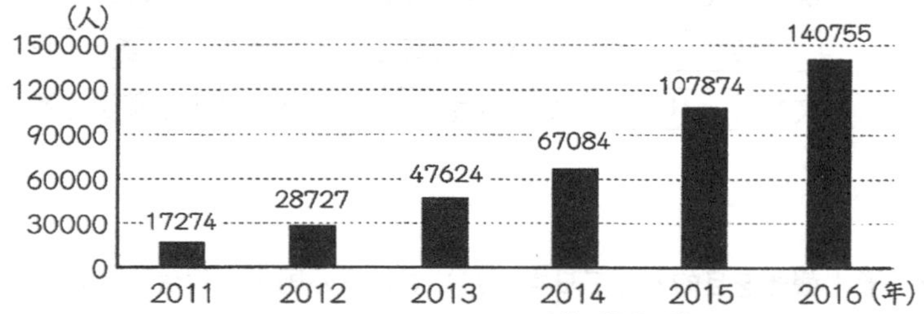

（長野県「長野県外国人延宿泊者数《のべしゅくはくしゃすう》調査結果」より作成）

岐阜県高山市《ぎふけんたかやまし》

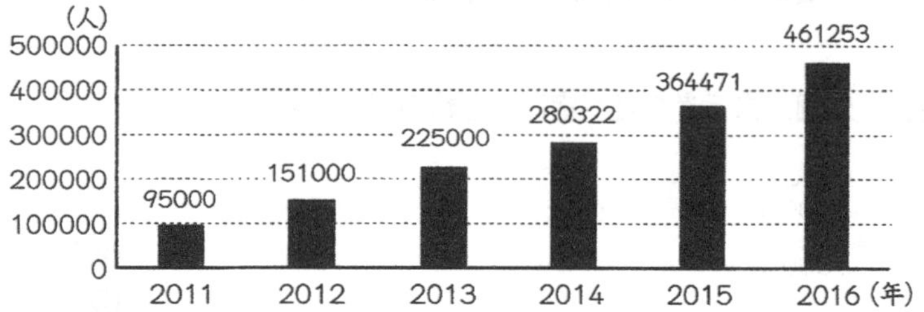

（高山市「高山市外国人観光客宿泊統計」より作成）

和歌山県西牟婁郡白浜町《わかやまけんにしむろぐんしらはまちょう》

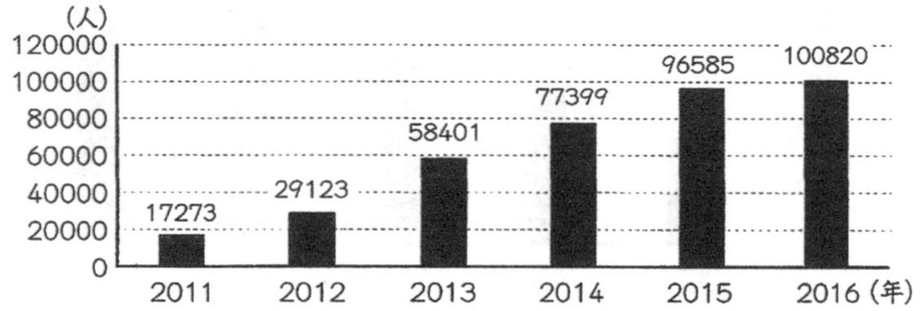

（一般《いっぱん》社団法人南紀白浜《なんきしらはま》観光局「平成３０年度事業計画」より作成）

花　子：この三つの地域は、外国人旅行者の延べ宿はく者数がここ数年で大はばに増えた地域だね。地図上の位置や、どのような地域かなどをもう少し調べてみようよ。（**図4**、**表1**、**表2**）

図4

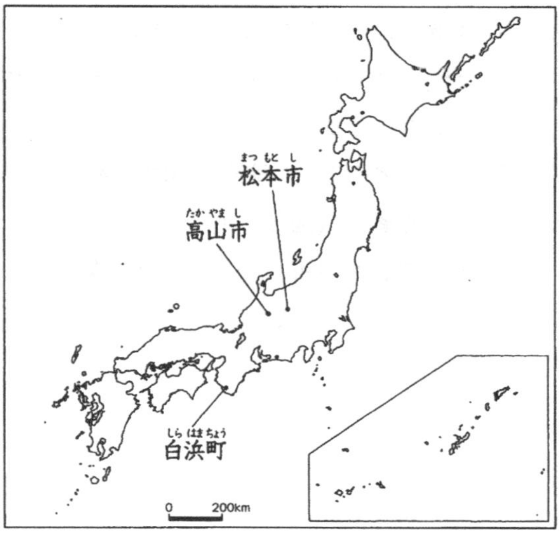

解答用紙

適性検査Ⅰ

1

（問題1） 15点

25

20

（問題2） 15点

25

20

（問題3） 70点

100

※100点満点

受検番号

得点
※

※のらんは、記入しないこと

解 答 用 紙　適 性 検 査 Ⅱ

※100点満点

受　検　番　号	得　　　点
	※

※のらんには何も書かないこと

1

〔問題１〕６点

〔しおりにする前の状態〕

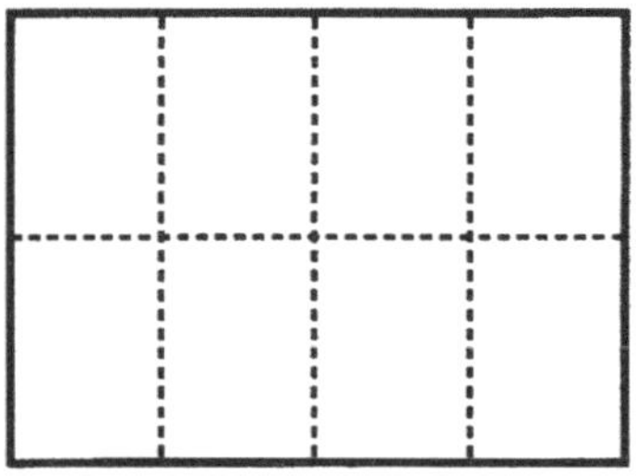

※

〔問題２〕12点

約束２で表現したときの漢字と数字の合計の個数	〔答え〕 個
漢字と数字の合計の個数が少ない約束	〔答え〕 約束
〔理由〕	

※

〔問題３〕12点

〔「★」の位置に置くおもちゃの向き〕

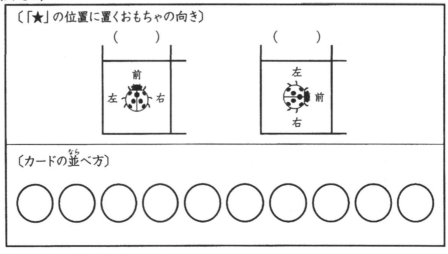

（　　）

（　　）

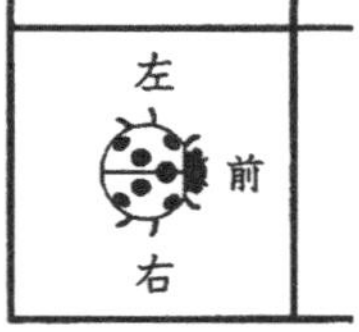

〔カードの並《なら》べ方〕

○○○○○○○○○○

※

2

〔問題１〕 12点

（あ）

（い）　　　　　　　　　　倍

（う）

（え）　　　　　　　　　　倍

※

〔問題２〕 8点

〔選んだ地域《ちいき》〕

〔あなたの考え〕

※

〔問題３〕 10点

〔役割《やくわり》１〕

〔役割２〕

※

3

〔問題１〕8点

〔比べたい紙〕

〔基準にするもの〕

〔和紙は水を何倍吸《す》うか〕　倍

※

〔問題２〕16点

〔選んだ紙〕

〔せんいの向き〕　方向

〔理由〕

※

〔問題３〕16点

（１）

（２）

※

500　400　300　200

この中には何も書かないこと

表1　花子さんが調べた三つの地域の主な観光資源《かんこうしげん》

松本市《まつもとし》	松本城《まつもとじょう》、スキー場、 古い街なみ、温泉《おんせん》、 そば打ち体験
高山市《たかやまし》	合しょう造りの民家、 豊かな自然、鍾乳洞《しょうにゅうどう》、 古い街なみ、温泉
白浜町《しらはまちょう》	砂浜《すなはま》、温泉、 美しい景観、パンダ

（各市町ホームページなどより作成）

表2　太郎《たろう》さんが調べた三つの地域が行っている外国人旅行者のための取り組み

松本市	・中部国際空港との連けい（鉄道やバスへのスムーズな乗りつぎなど） ・観光情報サイトのじゅう実 ・多言語表記などのかん境整備 ・観光産業をになう人材の確保と育成
高山市	・海外への職員派《は》けん ・多言語パンフレットの作成 ・伝統文化とふれ合う場の提供《ていきょう》 ・通訳《つうやく》案内士の養成
白浜町	・観光案内看板《かんばん》の多言語化 ・観光情報サイトのじゅう実 ・外国人向けの観光案内の動画作成 ・多言語によるアンケート調査

（各市町ホームページなどより作成）

太　郎：三つの地域にはいろいろな観光資源《かんこうしげん》があることが分かるね。

花　子：この三つの地域は、観光資源があることの他に、外国人旅行者におとずれてもらうために、さまざまな取り組みをしているね。

太　郎：外国人旅行者が旅行中に困《こま》ったことを調査した結果（**表3**）を見つけたけれど、このような資料を活用しながら、それぞれの取り組みを進めているのかな。

表3　日本をおとずれた外国人旅行者が旅行中に困《こま》ったこと

○情報通信かん境が十分でない。
○クレジットカード支はらいが利用できない場所がある。
○多言語対応が不十分である。
・し設等のスタッフとコミュニケーションがとれない。（英語が通じないなど）
・表示が少ない。分かりにくい。（観光案内板など）
・多言語の地図やパンフレットの入手場所が少ない。
・公共交通の利用方法が分からない。（乗りかえ方法など）
・外国の通貨を円に両がえできる場所が分からない。

（観光庁「訪日《ほうにち》外国人旅行者の国内における受入環境《うけいれかんきょう》整備に関するアンケート結果」平成29年より作成）

〔問題２〕　松本市、高山市、白浜町の三つの地域から一つを選び、その地域で外国人旅行者の延べ宿はく者数がここ数年で大はばに増えているのは、観光資源があることの他にどのような理由が考えられるか、**表2**と**表3**をふまえてあなたの考えを書きなさい。

花　子：外国人旅行者のためのパンフレットやガイドブックには、具体的にどのような工夫《くふう》がされているのかな。

太　郎：東京駅では日本語と日本語以外の言語で書かれている駅構内・周辺案内図があって、もらってきたので日本語の案内図と比べてみようよ。

花　子：案内図（**図5**、**図6**）には、いろいろなマークがたくさんかいてあるね。

太　郎：このマークは案内用図記号というそうだよ。

花　子：この案内図の中の「インフォメーションセンター（案内所）」、「エレベーター」、「郵便《ゆうびん》ポスト」、「バスのりば」を表すマーク（**図7**）は、今までに見かけたことがあるよ。

図5　日本語の東京駅構内・周辺案内図の一部

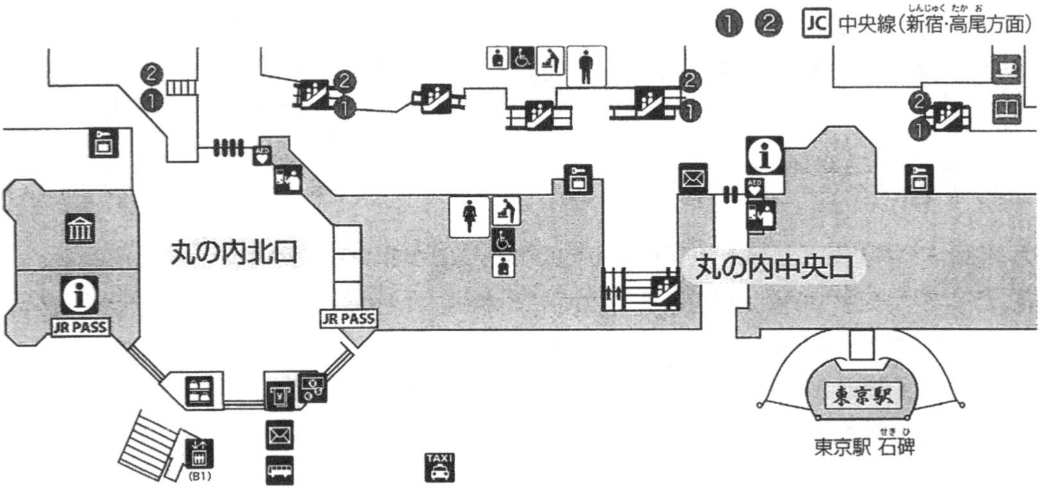

（東京ステーションシティー運営協議会「東京駅構内・周辺案内マップ」より作成）

図6　英語の東京駅構内・周辺案内図の一部

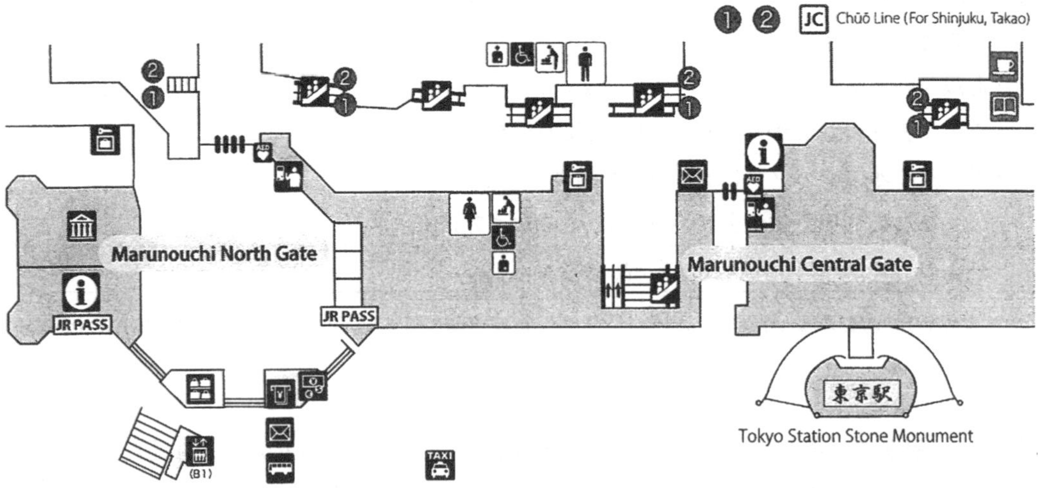

（東京ステーションシティー運営協議会「東京駅構内・周辺案内マップ」より作成）

図7　花子さんが今までに見かけたことがあるマーク

太　郎：このようなマークは外国人旅行者もふくめて、子供《こども》から高れい者まで、さまざまな人に役立っているようだね。

〔問題３〕　太郎さんは「さまざまな人に役立っているようだね。」と言っていますが、案内用図記号にはどのような役割《やくわり》があるか、あなたの考えを二つ説明しなさい。答えは、解答らんの役割１、役割２に分けて書きなさい。

このページには問題は印刷されていません。

3　**太郎《たろう》**さん、**花子**さん、**先生**が先日の校外学習について話をしています。

太　郎：校外学習の紙すき体験で、和紙は水をよく吸《す》うと教えてもらったね。

花　子：和紙と比べて、プリント用の紙、新聞紙、工作用紙などのふだん使っている紙は、水の吸いやすさにちがいがありそうだね。和紙と比べてみよう。

二人は先生のアドバイスを受けながら、和紙、プリント用の紙、新聞紙、工作用紙について、**実験１**をしました。

実験１　水の吸《す》いやすさを調べる実験

1　実験で使う紙の面積と重さをはかる。
2　容器に水を入れ、水の入った容器全体の重さを電子てんびんではかる。
3　この容器の中の水に紙を１分間ひたす。
4　紙をピンセットで容器の上に持ち上げ、３０秒間水を落とした後に取り除《のぞ》く。
5　残った水の入った容器全体の重さを電子てんびんではかる。
6　２の重さと５の重さの差を求め、容器から減った水の重さを求める。

太　郎：**実験１**の結果を**表１**のようにまとめたよ。

花　子：容器から減った水の重さが多いほど、水を吸いやすい紙といえるのかな。

太　郎：実験で使った紙は、面積も重さもそろっていないから、水の吸いやすさを比べるにはどちらか一方を基準にしたほうがいいよね。

花　子：紙の面積と紙の重さのどちらを基準にしても、水の吸いやすさについて、比べることができるね。

表１　**実験１**の結果

	和紙	プリント用の紙	新聞紙	工作用紙
紙の面積（cm^2）	４０	８０	２００	５０
紙の重さ（ｇ）	０．２	０．５	０．８	１．６
減った水の重さ（ｇ）	０．８	０．７	２．１	２

〔問題１〕　和紙の水の吸いやすさについて、あなたが比べたい紙をプリント用の紙、新聞紙、工作用紙のうちから一つ選びなさい。さらに、紙の面積と紙の重さのどちらを基準にするかを書き、あなたが比べたい紙に対して、和紙は水を何倍吸うかを**表１**から求め、小数で答えなさい。ただし、答えが割《わ》りきれない場合、答えは小数第二位を四捨五入《ししゃごにゅう》して小数第一位までの数で表すこととする。

花　子：紙すき体験では、あみを和紙の原料が入った液に入れて、手であみを前後左右に動かしながら原料をすくったね。

太　郎：和紙の原料は、コウゾやミツマタなどの植物のせんいだったよ。

花　子：**図1**を見ると、和紙は、せんいの向きがあまりそろっていないことが分かるね。

図1　和紙のせんいの拡大写真《かくだいしゃしん》

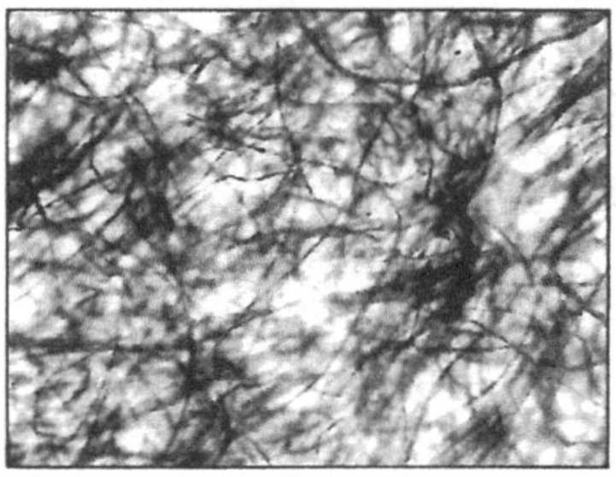

太　郎：ふだん使っている紙は、和紙とどのようにちがうのですか。

先　生：学校でふだん使っている紙の主な原料は、和紙とは別の植物のせんいです。また、機械を使って、あみを同じ向きに動かし、そこに原料をふきつけて紙を作っています。だから、和紙と比べると、より多くのせんいの向きがそろっています。

花　子：ふだん使っている紙のせんいの向きを調べてみたいです。

先生は、プリント用の紙、新聞紙、工作用紙のそれぞれについて、一つの角を選び、**A方向**・**B方向**と名前をつけて、**図2**のように示しました。

図2　方向の名前のつけ方

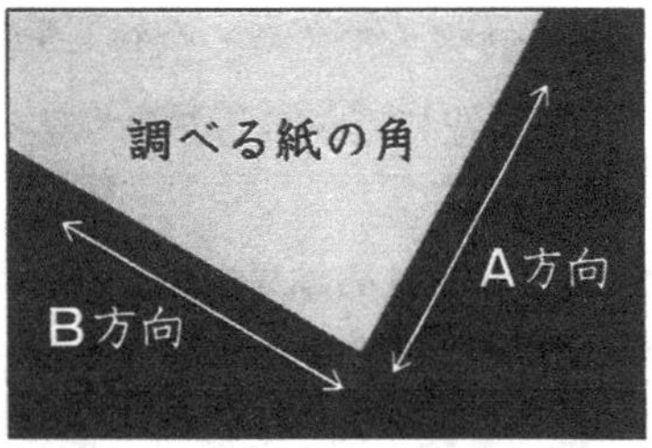

太　郎：それぞれの紙について、せんいの向きが**A方向**と**B方向**のどちらなのかを調べるには、どのような実験をしたらよいですか。

先　生：**実験2**と**実験3**があります。**実験2**は、紙の一方の面だけを水にぬらした時の紙の曲がり方を調べます。ぬらした時に曲がらない紙もありますが、曲がる紙については、曲がらない方向がせんいの向きです。

花　子：それぞれの紙について、先生が選んだ一つの角を使って同じ大きさの正方形に切り取り、**実験2**をやってみます。

実験2の結果は、**図3**のようになりました。

図3　**実験2**の結果

プリント用の紙	新聞紙	工作用紙
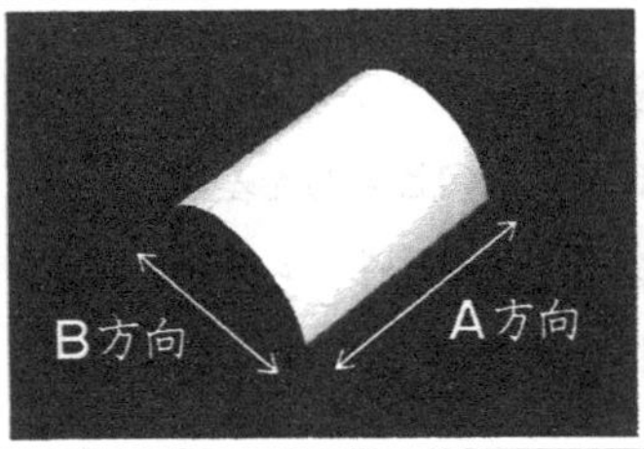 B方向 A方向	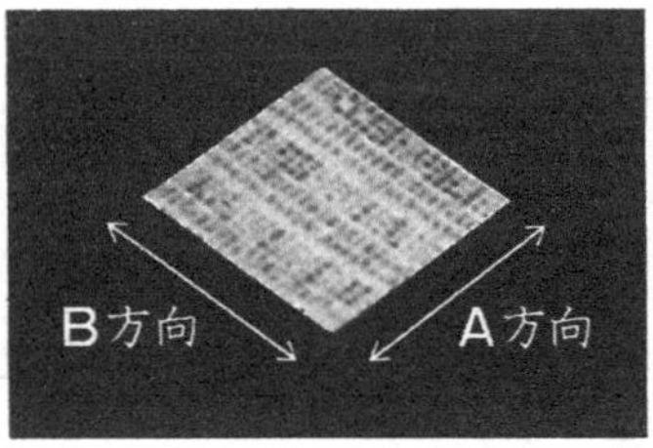 B方向 A方向	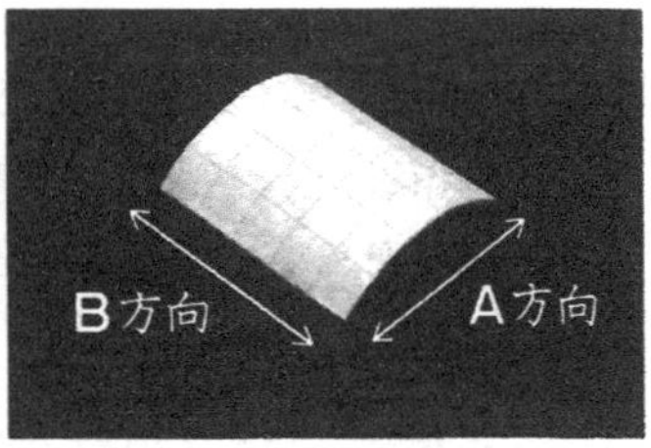 B方向 A方向

花　子：**実験3**はどのようなものですか。

先　生：短冊《たんざく》の形に切った紙の垂《た》れ下がり方のちがいを調べます。紙には、せんいの向きに沿《そ》って長く切られた短冊の方が垂れ下がりにくくなる性質がありますが、ちがいが分からない紙もあります。

太　郎：短冊は、同じ大きさにそろえた方がいいよね。

花　子：**A**方向と**B**方向は、紙を裏返《うらがえ》さずに**図2**で示された方向と同じにしないといけないね。

二人は、**図2**で先生が方向を示した紙について、**図4**のように**A**方向に長い短冊**A**と、**B**方向に長い短冊**B**を切り取りました。そして、それぞれの紙について**実験3**を行いました。その結果は、**図5**のようになりました。

図4　短冊《たんざく》の切り取り方

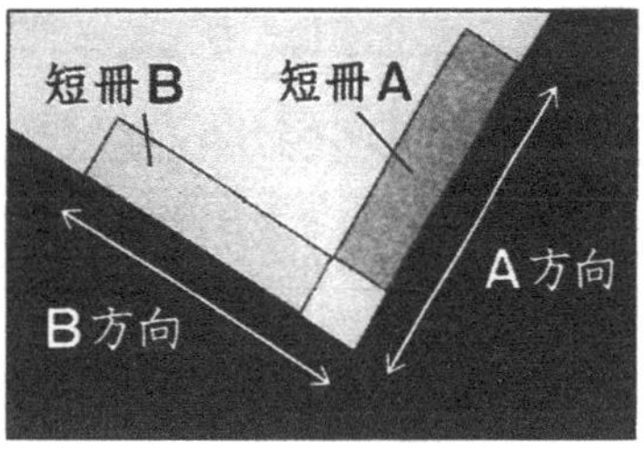

図5　**実験3**の結果

	プリント用の紙	新聞紙	工作用紙
短冊A			
短冊B			

太　郎：**実験2**と**実験3**の結果を合わせれば、プリント用の紙、新聞紙、工作用紙のせんいの向きが分かりそうですね。

〔問題2〕　プリント用の紙、新聞紙、工作用紙のうちから一つ選び、選んだ紙のせんいの向きは、**図2**で示された**A**方向と**B**方向のどちらなのか答えなさい。また、そのように答えた理由を**実験2**の結果と**実験3**の結果にそれぞれふれて説明しなさい。

太　郎：私《わたし》たちが校外学習ですいた和紙を画用紙にはって、ろう下のかべに展示《てんじ》しようよ。
先　生：昔から使われているのりと同じようなのりを使うといいですよ。
花　子：どのようなのりを使っていたのですか。
先　生：でんぷんの粉と水で作られたのりです。それをはけでぬって使っていました。次のような手順でのりを作ることができます。

〔のりの作り方〕
1　紙コップに２gのでんぷんの粉を入れ、水を加える。
2　割《わ》りばしでよく混ぜて、紙コップを電子レンジに入れて２０秒間加熱する。
3　電子レンジの中から紙コップを取り出す。
4　ふっとうするまで２と３をくり返し、３のときにふっとうしていたら、冷ます。

太　郎：加える水の重さは決まっていないのですか。
先　生：加える水の重さによって、紙をはりつけたときのはがれにくさが変わります。
花　子：なるべく紙がはがれにくくなるのりを作るために加える水の重さを調べたいです。
先　生：そのためには、加える水の重さを変えてできたのりを使って、**実験４**を行うといいです。
太　郎：どのような実験ですか。
先　生：**実験４**は、和紙をのりで画用紙にはってから１日おいた後、**図６**のようにつけたおもりの数を調べる実験です。同じ重さのおもりを一つずつ増やし、和紙が画用紙からはがれたときのおもりの数を記録します。
花　子：おもりの数が多いほど、はがれにくいということですね。
先　生：その通りです。ここに実験をするためのでんぷんの粉が5回分ありますよ。はけでぬるためには、加える水の重さは１回あたり５０g以上は必要です。また、紙コップからふきこぼれないように、１５０g以下にしておきましょう。
太　郎：のりしろは5回とも同じがいいですね。

図６　実験４のようす
（横からの図）

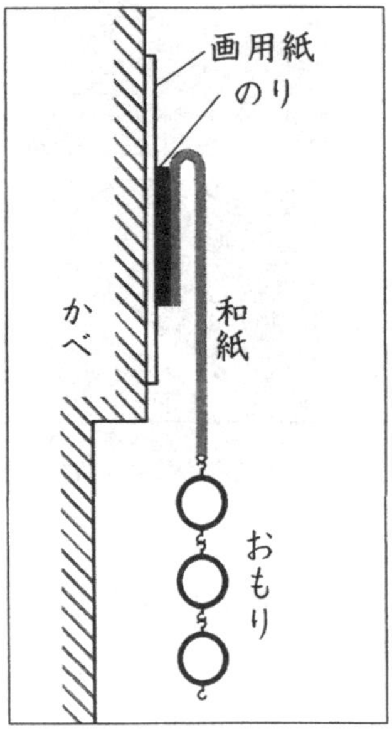

二人は、１回めとして、加える水の重さを５０gにしてできたのりを使って、**実験４**を行いました。そして、２回めと3回めとして、加える水の重さをそれぞれ６０gと７０gにしてできたのりを使って、**実験４**を行いました。その結果は、**表２**のようになりました。

表2　1回めから3回めまでの**実験4**の結果

	1回め	2回め	3回め
加える水の重さ（g）	50	60	70
おもりの数（個）	44	46	53

花　子：さらに加える水を増やしたら、どうなるのかな。たくさん実験したいけれども、でんぷんの粉はあと2回分しか残っていないよ。

先　生：では、あと2回の実験で、なるべく紙がはがれにくくなるのりを作るために加える水の重さを何gにすればよいか調べてみましょう。のりを作る手順は今までと同じにして、4回めと5回めの**実験4**の計画を立ててみてください。

太　郎：では、4回めは、加える水の重さを100gにしてやってみようよ。

花　子：5回めは、加える水の重さを何gにしたらいいかな。

太　郎：それは、4回めの結果をふまえて考える必要があると思うよ。

花　子：なるほど。4回めで、もし、おもりの数が［ **(あ)** ］だとすると、次の5回めは、加える水の重さを［ **(い)** ］にするといいね。

先　生：なるべく紙がはがれにくくなるのりを作るために、見通しをもった実験の計画を立てることが大切ですね。

〔問題3〕（1）　5回めの**実験4**に使うのりを作るときに加える水の重さを考えます。あなたの考えにもっとも近い［ **(あ)** ］と［ **(い)** ］の組み合わせを、次の**A**～**D**のうちから一つ選び、記号で書きなさい。

A　**(あ)** 35個　**(い)** 80g
B　**(あ)** 45個　**(い)** 110g
C　**(あ)** 60個　**(い)** 90g
D　**(あ)** 70個　**(い)** 130g

（2）　あなたが（1）で選んだ組み合わせで実験を行うと、なぜ、なるべく紙がはがれにくくなるのりを作るために加える水の重さを調べることができるのですか。3回めの**実験4**の結果と関連付けて、理由を説明しなさい。

2019(H31) 南多摩中等教育学校
教英出版

【適